COLLANA AVVENTURE ITALIANE

B2

Telis Marin

AVVENTURE A NAPOLI

Una storia illustrata per stranieri

EDILINGUA

I edizione: settembre 2022
ISBN Libro: 978-88-31496-95-7
ISBN e-book: 978-88-31496-93-3

Redazione di *Avventure a Napoli*:
Laura Piccolo

Redazione di *Via del Corso B2*:
Laura Piccolo, Antonio Bidetti, Anna Gallo,
Daniele Ciolfi, Sonia Manfrecola, Tania Pasqualini

Impaginazione e progetto grafico:
Edilingua

Foto:
© Shutterstock

Tavole a fumetti:
Giancarlo Caracuzzo (Scuola Romana dei Fumetti)

Illustrazioni:
Giancarlo Caracuzzo, Marina Cremonini

Produzione episodi video - Registrazioni audio - Authoring DVD:
Autori Multimediali, Milano

Produzione video culturali:
Theregisti, Catania

Attori del videocorso:
Alessandro Burzotta, Katia D'Ambrosio,
Nicole Petruzza, Valerio Ricci

Sede legale
Via Giuseppe Lazzati, 185 - 00166 Roma
Tel. +39 06 96727307
Fax +39 06 94443138
info@edilingua.it
www.edilingua.it

Deposito e Centro di distribuzione
Via Moroianni, 65 - 12133 Atene
Tel. +30 210 5733900
Fax +30 210 5758903

Telis Marin è direttore di Edilingua, insegnante d'italiano L2 e formatore in Italia e all'estero.
Dopo la laurea in Lettere moderne e il Master ITALS in Didattica e promozione della lingua e della cultura italiana a stranieri, ha insegnato in varie scuole d'italiano per stranieri. L'esperienza didattica lo ha portato a realizzare diversi materiali per l'apprendimento dell'italiano: *Nuovo* e *Nuovissimo Progetto italiano 1, 2, 3* (Libro dello studente), *Progetto italiano Junior 1, 2, 3* (Libro di classe), *La nuova Prova orale 1* e *2*, *Primo Ascolto, Ascolto Medio, Ascolto Avanzato, Nuovo Vocabolario Visuale*, i videocorsi di *Nuovissimo Progetto italiano* e *Progetto italiano Junior*. Negli ultimi anni si è occupato di tecnologie per la didattica delle lingue: frutto dell'approfondimento e della ricerca su queste tematiche è la piattaforma *i-d-e-e.it*.
Ha ideato *Via del Corso* ed è autore del Libro dello studente e del videocorso.

A mia moglie e a mia figlia

Edilingua sostiene actionaid

Grazie all'adozione di questo libro, Edilingua adotta a distanza dei bambini che vivono in Asia, in Africa e in Sud America. Perché insieme possiamo fare molto! Ulteriori informazioni nella sezione "Chi siamo" del nostro sito.

Stampato su carta priva di acidi, proveniente da foreste controllate.

L'autore apprezzerebbe, da parte dei colleghi, eventuali suggerimenti, segnalazioni e commenti sull'opera (da inviare a redazione@edilingua.it).

Premessa

Avventure italiane è una piccola collana di storie illustrate, le stesse su cui si basa il manuale d'italiano *Via del Corso*. Il grande successo di quest'ultimo e i commenti positivi sulla sua trama ci hanno spinto a mettere queste storie a disposizione di tutti, studenti d'italiano o meno.

La collana presenta alcune caratteristiche esclusive:

1. Ogni storia è una *commedia noir* che viene raccontata attraverso una sit-com e una graphic novel che si alternano: i fotogrammi, le tavole a fumetti, e in genere le immagini accattivanti, sono molto più potenti e immediate, a livello motivazionale e cognitivo, del solo testo e abbassano il filtro affettivo. La comprensione viene facilitata e la lettura diventa più piacevole: è bello immaginare i personaggi e i luoghi descritti, ma può essere altrettanto bello vedere il volto di un protagonista o una piazza italiana dal vivo!
2. Online, su i-d-e-e.it, sono disponibili gli episodi video e a fumetti* e tutte le tracce audio, compreso il radiodramma della storia. Così ogni storia si può leggere e ascoltare o si può guardare, prima o dopo la lettura: una completa esperienza multimediale!
3. Ogni storia si svolge ed è stata girata in una città italiana diversa: Roma, Firenze, Venezia e Napoli, anche se la città eterna rimane un punto di riferimento costante. I protagonisti sono quattro amici, alle prese sempre con nuove avventure. In questo modo il lettore si identifica con i personaggi, ne conosce il carattere ed è più coinvolto emotivamente. Perché una *commedia noir*? Per sfruttare i vantaggi dei due generi: suspense, curiosità, interesse, umorismo. *Dulcis in fundo*, per coinvolgere ulteriormente lo studente-lettore, abbiamo ideato delle storie interattive: è lui stesso a scegliere il finale da leggere e/o da ascoltare!
4. Altra particolarità della collana è che le storie si basano su dialoghi, proprio come una sit-com televisiva o un film. Il dialogo è più vicino alla lingua viva, naturale, spontanea e riesce a coinvolgere maggiormente i lettori. Un breve testo all'inizio di ogni episodio ha lo scopo di collegarlo a quello precedente. Questi brevi testi-ponte aiutano, inoltre, lo studente che non legge l'intera storia tutta di un fiato, ma preferisce prendersi delle pause.

*È disponibile la versione animata dei fumetti solo dei primi due volumi della collana.

All'interno di ogni volume della collana *Avventure italiane* trovate:

- 22 episodi illustrati con foto o fumetti;
- 8-10 situazioni diverse e altrettante aree tematiche e lessicali;
- i QR code per accedere direttamente alle tracce audio;
- finale interattivo: gli studenti scelgono come far finire la storia;
- la pagina *Italia&italiani*: informazioni di carattere culturale sulla città che fa da sfondo alla storia, accompagnate da un video;
- 1 gioco didattico sulla città in cui è ambientata la storia: gli studenti si divertono e al tempo stesso ripassano in maniera collaborativa;
- esercizi sulla comprensione degli episodi, sulle espressioni e i segnali discorsivi contenuti nei dialoghi, sulla pagina e il video di *Italia&italiani*;
- chiavi delle attività: lo studente può esercitarsi in totale autonomia;
- trailer delle avventure che continuano in un'altra città.

Sulla piattaforma i-d-e-e sono disponibili gratuitamente:

- il radiodramma: tutte le tracce degli episodi;
- 11 video: tutti gli episodi video + il video *Italia&italiani*;
- un supplemento culturale;
- glossario in varie lingue: potete consultare i glossari di *Via del Corso B2.*

Consigliamo, infine, la collana anche agli studenti che studiano o hanno studiato l'italiano con *Via del Corso*. Ma attenzione: non prima o durante l'anno scolastico in cui scopriranno la storia nel loro manuale, ma dopo, come un piacevole ripasso.

Buona lettura... buon ascolto e... buona visione!

Telis Marin

Indice

COMUNICAZIONE e LESSICO

Indice

Dove trovo gli episodi video e il video di *Italia&italiani*?

Avventure a Napoli	Dall'**indice dei Video di *Via del Corso B2*** su **i-d-e-e.it** seleziona:
Episodio 1	**Unità 1** › Quando andremo a Pompei?
Episodio 4	**Unità 2** › Lei che tipo è?
Episodio 6	**Unità 3** › Non dovevi farlo!
Episodio 9	**Unità 4** › Ma è assurdo!
Episodio 10	**Unità 5** › Non ha la faccia da criminale
Episodio 13	**Unità 6** › Al San Carlo
Episodio 14	**Unità 7** › Ho sognato un numero
Episodio 17	**Unità 8** › Niente gita per me
Episodio 20	**Unità 9** › Alla fine della N
Episodio 22	**Unità 10** › Potresti fare una foto
Napoli, una città da vivere	**Unità 5** › Napoli, una città da vivere

Legenda dei simboli

(12) Ascolta la traccia 12 su i-d-e-e.

Inquadra il QR code con il tuo smartphone/ tablet per ascoltare e/o scaricare la traccia.

Guarda il video su i-d-e-e.

es. 1-2 / p. 36 — Fai gli esercizi 1-2 a pagina 36.

1 / p. 8 — Esercizio 1 sull'episodio di pagina 8.

I PROTAGONISTI DI "AVVENTURE A NAPOLI" NON SONO NUOVI ALLE AVVENTURE! VEDIAMO COSA È SUCCESSO NEL TERZO LIBRO DELLA COLLANA, "AVVENTURE A VENEZIA" (B1)!

I PROTAGONISTI DELLE NOSTRE AVVENTURE SONO QUATTRO RAGAZZI DI ROMA. ANNA E BRUNO SONO DA TEMPO UNA COPPIA. CARLA E GIANNI, DOPO... DIVERSI TENTATIVI DI LUI, SI METTONO FINALMENTE INSIEME. BRUNO È STUDENTE DI ARCHEOLOGIA, ANNA LAVORA IN UN BAR, CARLA È INSEGNANTE D'ITALIANO PER STRANIERI E GIANNI... È SEMPRE ALLA RICERCA DI UN LAVORO MIGLIORE.

BRUNO PARLA A GIANNI DI UN BUON POSTO DI LAVORO A VENEZIA. CASUALMENTE, NELLO STESSO PERIODO ANCHE CARLA RICEVE UN'OFFERTA DI LAVORO DA PARTE DI UNA SCUOLA D'ITALIANO VENEZIANA! COSÌ I DUE DECIDONO DI TRASFERIRSI!

IL LAVORO CHE GIANNI DEVE FARE È UN PO' STRANO. ALTRETTANTO MISTERIOSO È IVAN, IL DIRETTORE. GIANNI SCOPRE PIANO PIANO ALCUNE COSE CHE NON RIESCE A COMPRENDERE. MENTRE BRUNO VIENE A SAPERE CHE L'AZIENDA SVOLGE ATTIVITÀ ILLEGALI... CARLA, PREOCCUPATA, CHIEDE CONSIGLIO A UN AMICO CHE LAVORA NELLA GUARDIA DI FINANZA...

LA GUARDIA DI FINANZA CHIEDE L'AIUTO DI GIANNI PER INCASTRARE IVAN, MA LUI RIFIUTA, HA PAURA! LA SUA PAURA CRESCE QUANDO SCOPRE ALCUNE COSE SUL CONTO DELL'AZIENDA.. ALLA FINE GIANNI DECIDE DI COLLABORARE: METTE UNA MICROSPIA IN UFFICIO. COSÌ LA FINANZA RIESCE A TROVARE DELLE PROVE CONTRO IVAN. GIANNI E CARLA RIESCONO A SCAPPARE ALL'ULTIMO MINUTO.

EPISODIO 1

FUGGITI DA VENEZIA, GIANNI E CARLA SONO ANCORA SPAVENTATI: HANNO PAURA DI TORNARE A ROMA, IVAN LI CERCHEREBBE ANCHE LÌ! QUANDO BRUNO DICE LORO CHE SI TRASFERIRÀ A NAPOLI CON ANNA PER SEGUIRE GLI SCAVI DI POMPEI, OGGETTO DELLA SUA TESI DI LAUREA, CARLA E GIANNI NON CI PENSANO UN ATTIMO: "SAREBBE UNA SOLUZIONE ANCHE PER NOI!"...

Gianni: Com'è andata la prima lezione?

Carla: Benissimo... è un'esperienza nuova, guarda!

Gianni: In che senso? Non è la prima volta che insegni a immigrati o che lavori in un'associazione di volontariato.

Carla: No, però adesso ho una classe di sole donne. Le devi vedere, Gianni: nonostante le tante difficoltà continuano a lottare, studiano l'italiano perché vogliono integrarsi, per ricominciare!

Gianni: Quando parli così... con tanto entusiasmo, ricordo perché mi sono innamorato di te!

Carla: Ah, meno male! E tu, tutto bene al bar?

Gianni: Ora sì. Anche se il napoletano è meno comprensibile di quanto pensassi, dopo appena due settimane capisco quasi tutto e dico anche qualche parola in dialetto... che nessuno capisce. Hai visto però? Stai girando il mondo grazie a me!

Carla: Certo, ci manca solo il Giappone e la Tunisia! Magari girassimo il mondo e non mezza Italia per sfuggire a Ivan!

Gianni: Hai ragione, amore, ma cosa potevamo fare? Con questa gente è meglio non rischiare...

Carla: Lo so... Ma pensi che ci possa rintracciare qui?

Gianni: No, abbiamo chiuso con questa storia. Siamo riusciti a scappare in tempo, prima che cominciassero a sospettare di me.

Carla: Infatti... Comunque, abbiamo fatto bene a trasferirci a Napoli, era necessario che facessimo perdere le nostre tracce.

Carla: Ah, senti, mi ha chiamato Anna stamattina: l'hanno assunta. E non ci crederai: la pizzeria si trova in Via del Corso!

Gianni: No, anche qui?! Perfetto, sarà come mangiare a casa! ...Cosa? Non ci sarà uno sconto per gli amici? Non dico proprio ogni sera...

Carla: Vacci piano, che troppa pizza fa ingrassare. Comunque, sì, mi piacerebbe che ci andassimo una sera. Invece... quand'è che andremo a Pompei?

Gianni: Sabato. E sai cosa mi ha detto Bruno? Ci farà entrare anche nell'area riservata agli archeologi. Figo, no?

Carla: Davvero? Ma come? È un semplice tirocinante...

Gianni: Eh, però il responsabile degli scavi è il professore che segue la sua tesi. Nel frattempo, però, bisogna festeggiare il nuovo lavoro di Anna... andando a mangiare nella pizzeria in cui lavora!

es. 1-
p. 3

EPISODIO 2

NAPOLI SIGNIFICA "CITTÀ NUOVA": QUALE LUOGO MIGLIORE PER INIZIARE UNA NUOVA VITA? COME PROPOSTO DA GIANNI, I QUATTRO AMICI VANNO A FESTEGGIARE LA LORO NUOVA VITA NELLA PIZZERIA DOVE LAVORA ANNA. IL SABATO DOPO VISITANO POMPEI, L'ANTICA CITTÀ ROMANA SEPOLTA PER SECOLI E POI TORNATA ALLA LUCE...

es. 3-4
p. 36

EPISODIO 3

"CHE STRANA TELEFONATA!" PENSA ANNA, MA POI TORNA DAGLI ALTRI PER TERMINARE LA VISITA DEGLI SCAVI. I RAGAZZI TORNANO A NAPOLI LA SERA STANCHI MORTI, MA PER FORTUNA DOMANI È DOMENICA... SOLO CHE IL TEMPO È BELLISSIMO: "PERCHÉ NON FACCIAMO UNA BELLA ESCURSIONE?" PROPONE CARLA...

Gianni: Ieri a Pompei, oggi in una riserva naturale... certo che sarebbe un ottimo modo di passare il tempo libero... se fossimo dei pensionati!

Carla: Innanzitutto, camminare nella natura fa bene a tutti! E poi guarda che meraviglia! Ve l'ho detto che è un'oasi WWF?

Gianni: No... solo cinque volte! ...Ma hai fatto bene a ricordarcelo, guarda!

Carla: E che quello là è un vulcano spento?

Gianni: Beh, ovvio: se non fosse un vulcano, non si chiamerebbe "Cratere degli Astroni". E se fosse ancora attivo, io probabilmente non sarei qui...

Anna: Ok, tu che sai tutto, dicci: cosa sono le oasi del WWF?

Gianni: Sono delle... oasi... del WWF.

Anna: Sono delle aree naturali, in cui vivono protette centinaia di specie di animali rari, alcuni in via d'estinzione a causa anche del cambiamento climatico: uccelli, mammiferi, serpenti...

Carla: Aspetta: io di serpenti non ne sapevo niente!

Bruno: Tranquilla, Carla, se rimaniamo sul sentiero, non corriamo nessun pericolo... credo! Gianni, vieni a vedere qui...

Gianni: Dove?

Carla: ...Anna, che cosa mi stavi dicendo prima a proposito di De Cesaris? Non ti seguivo.

Anna: Eh, non potevo parlare davanti a Bruno. Allora, l'ho sentito parlare al telefono... Credo abbia un'amante!

Carla: Davvero! Perché, cos'hai sentito?

Anna: Non molto, parlava di un'altra donna... però parlava piano. Se non avesse nulla da nascondere, non avrebbe motivo di parlare a bassa voce. O mi sbaglio?

Carla: Uffa, Anna, basta con le tue teorie! Comunque, anche se fosse, a noi che ci importa?

Anna: No, era così... tanto per parlare.

Bruno: Senti, Anna, che ne dici di invitare a cena De Cesaris e sua moglie?

Carla: Certo, perché no? ...Sua moglie?! Non vedo l'ora di conoscerla!

es. 5-6
p. 37

EPISODIO 4

TUTTI SANNO QUANTO ANNA SIA PER NATURA CURIOSA E QUANTO LE PIACCIANO I MISTERI! MA LA TELEFONATA DI DE CESARIS ERA EFFETTIVAMENTE UN PO' ENIGMATICA COMUNQUE, PETTEGOLEZZI A PARTE, CIÒ CHE CONTA ADESSO È FARE BELLA FIGURA: LA CENA DEVE ESSERE PERFETTA..

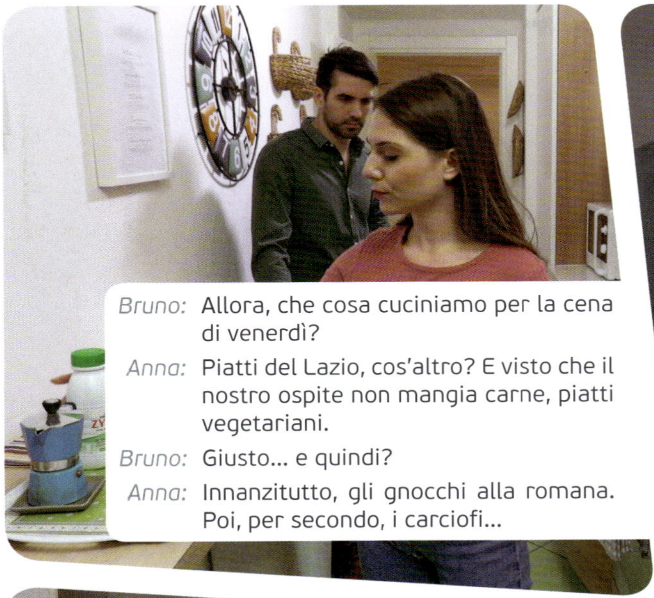

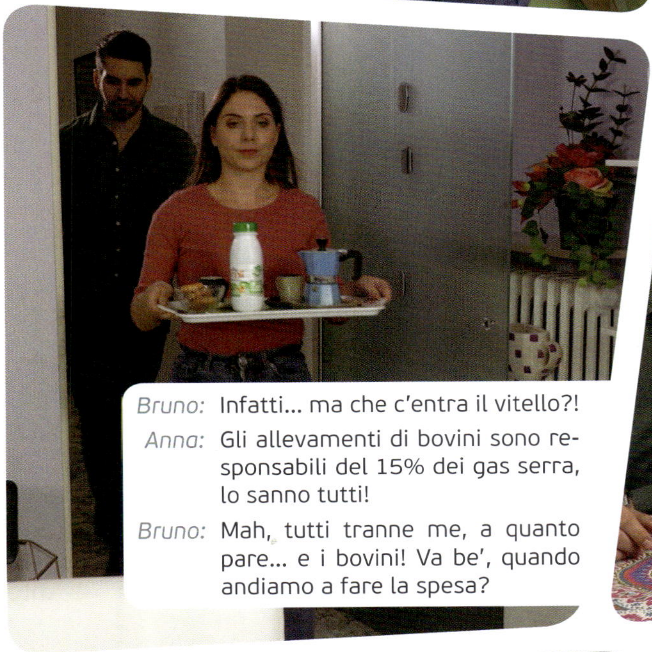

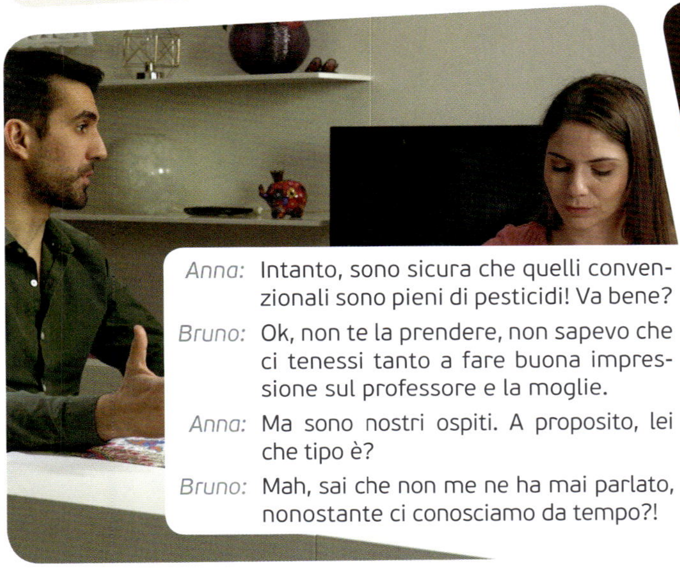

es. 7-8
p. 37

EPISODIO 5

È VENERDÌ SERA, ANNA È UN PO' NERVOSA, MA GLI OSPITI SEMBRANO APPREZZARE I PIATTI CHE LEI E BRUNO HANNO PREPARATO. L'ATMOSFERA È RILASSATA, IL PROFESSORE E SUA MOGLIE MOLTO SIMPATICI. SI PARLA DI TANTE COSE, SOPRATTUTTO DI ARCHEOLOGIA E DELL'ULTIMA STATUETTA RITROVATA, E IL TEMPO PASSA IN ALLEGRIA...

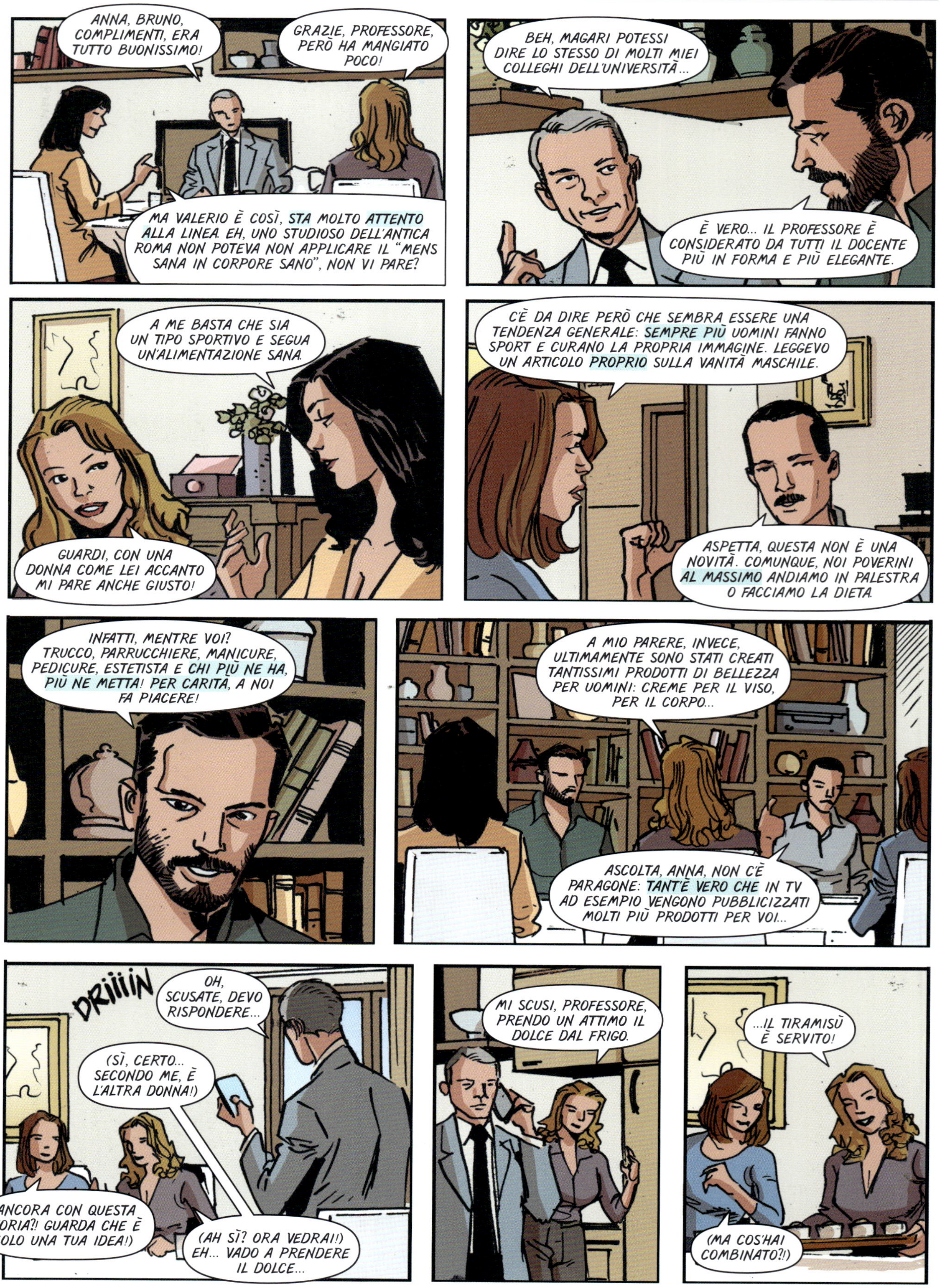

es. 9-10
p. 38

EPISODIO 6

CHISSÀ COSA AVRÀ COMBINATO ANNA... LA SERATA NON SI CONCLUDE CON IL DOLCE. QUANDO IL PROFESSORE E LA MOGLIE SE NE VANNO, È MOLTO TARDI E SONO TUTTI STANCHISSIMI, COSÌ DOPO UN PO' ANCHE CARLA E GIANNI SALUTANO GLI AMICI. "CARLA, DOMANI VADO DAL PARRUCCHIERE, VOGLIAMO ANDARCI INSIEME?" PROPONE ANNA...

6

Carla: ...Cosa?! Ma sei impazzita?! Ma come ti è venuto in mente?

Anna: Non lo so, l'ho deciso lì sul momento.

Carla: Non dovevi, Anna... Scusa, ma non voglio avere niente a che vedere con questa storia!

Anna: Dai, non esagerare... In fin dei conti, cosa ho fatto di male? Non mi credevi e avevo bisogno di prove.

Carla: Ma quali prove, Anna? Mica è un criminale! E poi ti sbagliavi, non è così?

Anna: Non lo so, te l'ho detto, c'era Bruno a casa e non ho potuto ascoltarla.

Carla: Meno male! Comunque, non avresti dovuto registrare una persona a sua insaputa!

Anna: Hai ragione, non so cosa mi sia preso. Quindi, che faccio, la cancello?

Carla: Sì, Anna, va cancellata! E faresti meglio a non parlarne con nessuno. Se solo dovesse venire a saperlo Bruno...

Anna: Diventerebbe una furia, lo so. Guarda, ora la cancello... se capisco come...

Carla: Lo sai che non puoi registrare le conversazioni degli altri. E poi, anche se De Cesaris avesse un'altra, sarebbero fatti suoi, no? Ma secondo me sei tu ad avere troppa immaginazione.

Anna: Beh, questo non lo sapremo mai se cancello la registrazione, vero?

Carla: No, non lo sapremo... ma non abbiamo il diritto di ficcare il naso nelle faccende altrui. Se tu avessi dei sospetti su Bruno, allora sì, forse potresti anche fare una cosa del genere.

Anna: Ah! Allora sì, invece adesso chi se ne importa!

Carla: Esatto! Non dovevi farlo! Ma, visto che ormai l'hai fatto...

Anna: Eh? Stai dicendo che...

Carla: No, non sto dicendo niente, dev'essere cancellata, punto! A meno che...

Anna: A meno che cosa?

Carla: A meno che non proviamo ad ascoltare un po'... giusto per vedere se è stato registrato effettivamente qualcosa.

Anna: Nooo, dici?

Carla: Ma subito dopo cancelliamo tutto e non ne parliamo mai più, ok?

Anna: Mai più! Sicura sicura?

De Cesaris: Stavo aspettando la tua telefonata...

es. 11-12
p. 38

EPISODIO 7

"MA COME TI È VENUTO IN MENTE?!" CHIEDE CARLA. "CREDO DI AVERLO VISTO FARE IN UN FILM" RISPONDE ANNA. RISULTATO: UNA REGISTRAZIONE CHE NON HANNO ANCORA ASCOLTATO E CHE NON DOVREBBERO ASCOLTARE. MA NON È FACILE RESISTERE ALLA TENTAZIONE, SONO TROPPO CURIOSE!... "TANTO, NON LO VERRÀ A SAPERE NESSUNO!"...

es. 1 p. 3

EPISODIO 8

ANNA ERA COSÌ SICURA CHE A CENA DE CESARIS AVESSE RICEVUTO LA TELEFONATA DI UNA DONNA. MA LA CONVERSAZIONE CHE HA REGISTRATO È MOLTO STRANA, LEI E CARLA NON CI CAPISCONO NIENTE! "HAI VISTO? NESSUN'AMANTE, ERA TUTTO FRUTTO DELLA TUA IMMAGINAZIONE!" DICE CARLA. "FORSE HAI RAGIONE, PERÒ..." RISPONDE ANNA. IL GIORNO DOPO LE DUE RAGAZZE SI DANNO APPUNTAMENTO NEL CENTRO DI NAPOLI...

Carla: Ciao Anna. Senti, farò un po' tardi, sono in banca per un prelievo e c'è la fila... Ok, a dopo.

impiegato: Prego, mi dica!

Carla: Vorrei prelevare 300 euro, per favore.

impiegato: Certo, posso avere la sua carta d'identità?

Carla: Ecco... Ehm... ho provato al bancomat fuori, ma non riconosce la carta. Cosa dovrei fare?

impiegato: Dovrebbe andare dal collega lì in fondo per sostituirla... Vanno bene banconote da 50?

Carla: Perfetto, grazie.

DOPO UN PO'...

Carla: Allora, perché tutta questa fretta?

Anna: Carla, non ho chiuso occhio stanotte, sono terrorizzata!

Carla: Addirittura?! Per via di quella registrazione? Non sapevo che l'avessi presa così sul serio! Io non ci ho capito un tubo.

Anna: Ma come, è chiaro, guarda: "la principessa deve essere pronta in tempo". E qui: "lui la porterà direttamente al principe"!

Carla: Ma che hai fatto, l'ha trascritta?

Anna: Parola per parola! Ti rendi conto?! Qui non parliamo di un tradimento, bensì di sequestro di persona!

Carla: Stai scherzando? Cioè credi che De Cesaris abbia sequestrato una donna?!

Anna: Forse non l'ha sequestrata proprio lui, ma la tiene comunque prigioniera e la consegnerà al marito, un principe a quanto pare.

Carla: Dici sul serio, un principe vero?! Cioè una principessa è sparita e nessuno ne sa niente?! Ma quanti principi ci sono nel mondo?

Anna: Anch'io credevo che ne fossero rimasti pochi ormai, ma poi l'ho googlato: pazzesco, sono tantissimi! Nei Paesi arabi, in Africa, in Europa... in Inghilterra!

Carla: Certo, è stata sequestrata la principessa Kate, ora arriva 007!

Anna: Carla, non scherzare: una donna... una ragazza potrebbe essere in pericolo!

Carla: Beh... in effetti, potresti avere ragione. E tutto il resto? Leggi qui: "Ottaviano", il "Santo", il "Doge", il "pazzo"? Tu ci capisci qualcosa?

Anna: No, perciò faremmo meglio a parlarne con qualcuno. Tranquilla, non dico di andare alla polizia... anche perché non abbiamo nessuna prova. Ma ai ragazzi glielo dobbiamo dire!

Carla: Davvero?! Hai intenzione di dire a Bruno che hai registrato De Cesaris?!

Anna: Non lo so. Se è necessario, sì. In ogni caso, non possiamo fare finta di niente!

es. 14-15 p. 39

EPISODIO 9

VA BENE ESSERE CURIOSI, VA BENE ANCHE LASCIAR CORRERE L'IMMAGINAZIONE, MA QUESTA VOLTA ANNA STA VERAMENTE ESAGERANDO: "SEQUESTRO DI PERSONA"?! CARLA GIUSTAMENTE NON CI STA CAPENDO MOLTO. MA SE CI FOSSE DEL VERO IN TUTTA QUESTA STORIA? SE EFFETTIVAMENTE CI FOSSE UNA DONNA IN PERICOLO?

es. 16-1
p. 3

EPISODIO 10

ANNA HA PREFERITO NON DIRE AI RAGAZZI DELLA REGISTRAZIONE: BRUNO ERA TROPPO ARRABBIATO, GIANNI HA SUBITO IRONIZZATO, COSÌ HA DECISO CHE FOSSE MEGLIO NON RIVELARE ALTRO. È CHIARO CHE LEI E CARLA NON POSSONO CONTARE SUL LORO AIUTO. PASSANO ALCUNI GIORNI, MA LE RAGAZZE NON RIESCONO PROPRIO A FAR FINTA CHE NON SIA SUCCESSO NIENTE...

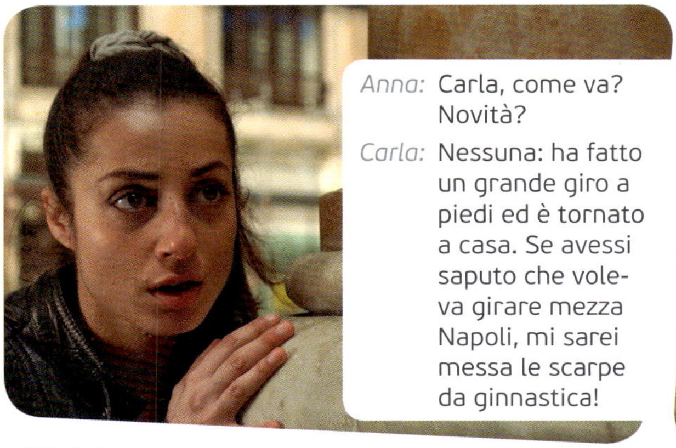

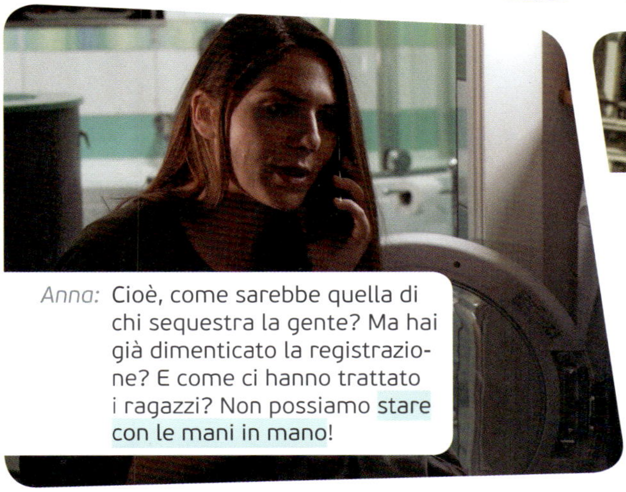

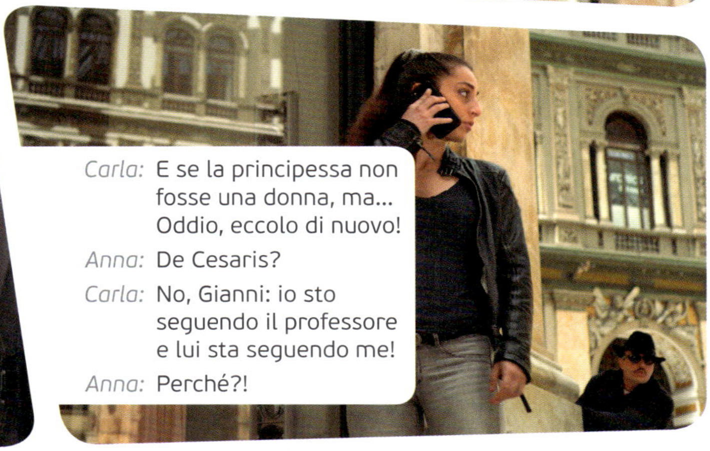

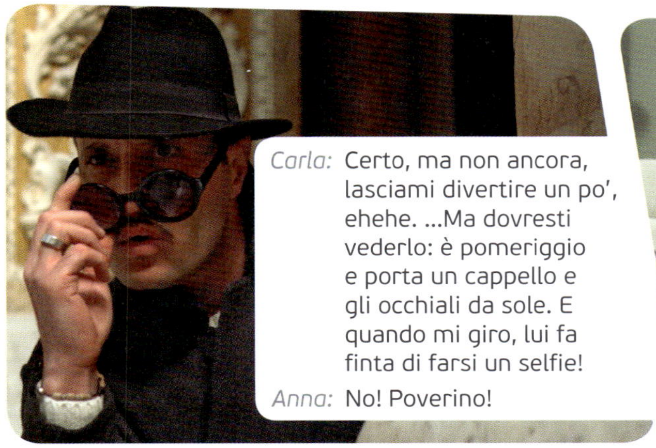

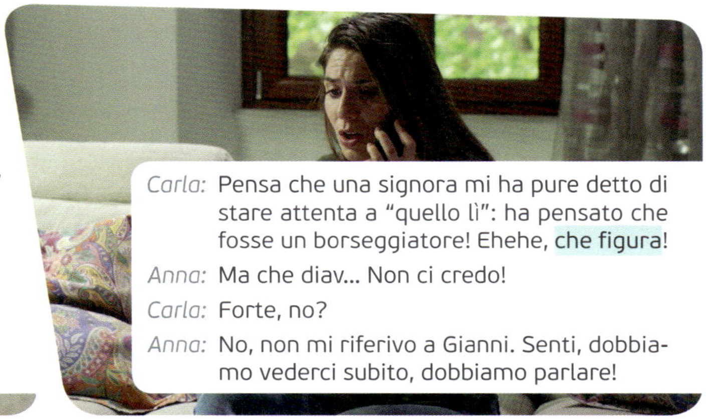

es. 18-19
p. 40

EPISODIO 11

MENTRE CARLA STA RACCONTANDO QUESTA SCENA ASSURDA DI GIANNI CHE LA SEGUE PER LE STRADE DEL CENTRO DI NAPOLI, ANNA SCORRE DISTRATTAMENTE LE NOTIZIE SUL SUO TABLET. ALL'IMPROVVISO SPALANCA GLI OCCHI. NON RIESCE A CREDERE A QUELLO CHE LEGGE: MA CERTO, ERA COSÌ OVVIO! "CI DOBBIAMO VEDERE SUBITO!" DICE A CARLA...

11

Carla: Ciao Anna. Ma cos'è successo, perché tutta questa urgenza di vederci?

Anna: Perché... siediti... credo di aver capito chi, o meglio, cos'è la principessa.

Carla: Davvero? Mi sa che l'ho capito anch'io...

Anna: Cioè?

Carla: Secondo me, non si tratta di una persona... ma di droga! Ricordi la registrazione? Si parlava di "consegna"... e poi di aerei che "non si controllano". Mi segui?

Anna: Sì, sì... non ci avevo pensato... però no, non credo. Piuttosto, leggi qui.

Carla: Qui? "Traffico di droga, sgominata gang di minorenni"...

Anna: Non questa, quella sotto.

Carla: Ah... "Importante scoperta a Pompei: una bellissima statuetta del II secolo a.C. in ottime condizioni!". Eh...

Anna: Aprila... leggi: "... ormai nota come *la principessa di Pompei*".

Carla: Eh, quindi? Ah, principessa! Dici che è questa?

Anna: Ma certo! Ripensa alla registrazione! Ce l'ho qui, guarda: "...deve essere pronta in tempo". Forse una copia per sostituire l'originale? E poi... "...va spostata continuamente"... "è molto delicata": parlano di una statuetta!

Carla: Oddio! ...Ma scusa, e il principe a cui sarà portata?

Anna: Boh, sarà un principe vero, un collezionista, qualcuno che può permettersi di comprare una statua antica!

Carla: Non lo so, Anna, forse stiamo correndo troppo, sono ipotesi un po' azzardate. Comunque, magari le cose stessero come dici tu! Il che vorrebbe dire che nessuno è in pericolo di vita, si è trattato di un falso allarme!

Anna: Ma come, se De Cesaris sta per vendere di nascosto un'opera d'arte, noi ce ne staremo a guardare?!

Carla: E che potremmo fare? Queste cose qui non si capiscono: "Dio del mare", "bar del Santo"... Tutta la telefonata è in codice!

Anna: E con ciò? Si deve solo decodificare! Tutte queste parole si devono un attimo studiare, googlare, no? Proviamo! "Ci-ne-ma O-tta-v-i-a-no Na-po-li"... Non c'è nessun cinema a Napoli con questo nome, strano! ...Però De Cesaris parlava di quattro incontri, vedi? "4 punti diversi".

Carla: E come facciamo a individuarli?

Anna: Non ne ho idea... intanto proviamo a individuare il primo e poi... niente, poi vedremo!

es. 20-
p. 4

EPISODIO 12

"LA PRINCIPESSA DI POMPEI"! NON PUÒ ESSERE UNA COINCIDENZA, DOPOTUTTO È STATO DE CESARIS STESSO A RIPORTARLA ALLA LUCE. CARLA NON È DEL TUTTO CONVINTA, MA SE ANNA AVESSE RAGIONE? DEVONO DECODIFICARE LA REGISTRAZIONE! COSA NON AFFATTO FACILE, ANCHE PERCHÉ NON DEVONO FAR CAPIRE NIENTE AI RAGAZZI, CHE INTANTO...

12

Bruno: ...Certo se ti metti le cuffie, come facciamo a parlare? Ma cosa stai ascoltando?

Gianni: Pino Daniele, il mio capo mi ha dato tutti i suoi album. È veramente un grande!

Bruno: È vero! Della musica napoletana e non solo. A proposito, sei venuto anche ieri in palestra, no? Come mai?

Gianni: Eh, mi devo assolutamente rimettere in forma!

Bruno: Ma... stai già bene così.

Gianni: Eh... ultimamente Carla ha fatto dei commenti sul mio aspetto fisico.

Bruno: Cioè?

Gianni: L'altra volta mi ha detto "vacci piano che troppa pizza fa ingrassare!".

Bruno: Nooo, ti ha detto una cosa del genere?! E dopo una tale offesa stai ancora con lei?!

Gianni: Bruno, falla finita! È che all'inizio non ci faceva proprio caso a certe cose, le piacevo così com'ero.

Bruno: Ah, non stai scherzando! Ma sai quante volte Anna mi ha detto di stare attento col cibo? Su, andiamo!

Gianni: E poi, l'altra sera da voi, ha detto "sempre più uomini curano la propria immagine"! Hai capito?

Bruno: Gianni, ma cosa stai dicendo?! Ma veramente prendi queste cose sul serio?!

Gianni: Ma non lo so... è che in realtà c'è dell'altro... ultimamente si comporta in modo strano... come se si vedesse con qualcun altro.

Bruno: Cosa? Non dire sciocchezze! Carla? Impossibile!

Gianni: Non lo so... non torna subito a casa dopo la lezione, è spesso distratta... e l'altro ieri mi ha detto che sarebbe andata a fare spese.

Bruno: E allora?

Gianni: L'ho seguita... Non mi guardare così, l'ho seguita... cosa c'è di male?

Bruno: Quindi?

Gianni: Non ha fatto spese, non guardava nemmeno le vetrine, è solo entrata in un negozio senza comprare niente. Poi l'ho persa di vista...

Bruno: Scusa, Gianni, ma è assurdo anche solo pensare che Carla possa tradirti, sappiamo bene che non è proprio il tipo.

Gianni: Lo so, però... poi quando è tornata a casa, l'ho sentita parlare al telefono con Anna... e parlava a bassa voce.

Bruno: Con Anna?

Gianni: Sì, le ha detto "dopo è tornato a casa"! Di chi stava parlando?

Bruno: Ma Gianni, ma cosa puoi capire da una frase sentita a metà?

Gianni: Forse hai ragione... Comunque, non ho intenzione di darmi per vinto! Io Carla non la voglio perdere!

Bruno: Bravo! Ma piuttosto che venire in palestra ogni giorno, perché non passi più tempo con lei, perché non uscite più spesso?

Gianni: Infatti, è quello che farò: anzi, la porterò all'opera.

Bruno: All'opera, tu?! Ecco, lo sapevo che eri pazzo... di lei!

es. 22-23
p. 41

EPISODIO 13

"FORSE MI STO SBAGLIANDO, IN OGNI CASO, IO CARLA NON LA VOGLIO PERDERE!" SI DICE GIANNI. E SI SA CHE PER AMORE SI FANNO FOLLIE, COME ANDARE ALL'OPERA... OGGI SONO IN UN CAFFÈ SUL BELLISSIMO LUNGOMARE DI NAPOLI: POSTO CHE GIANNI NON HA SCELTO A CASO...

13

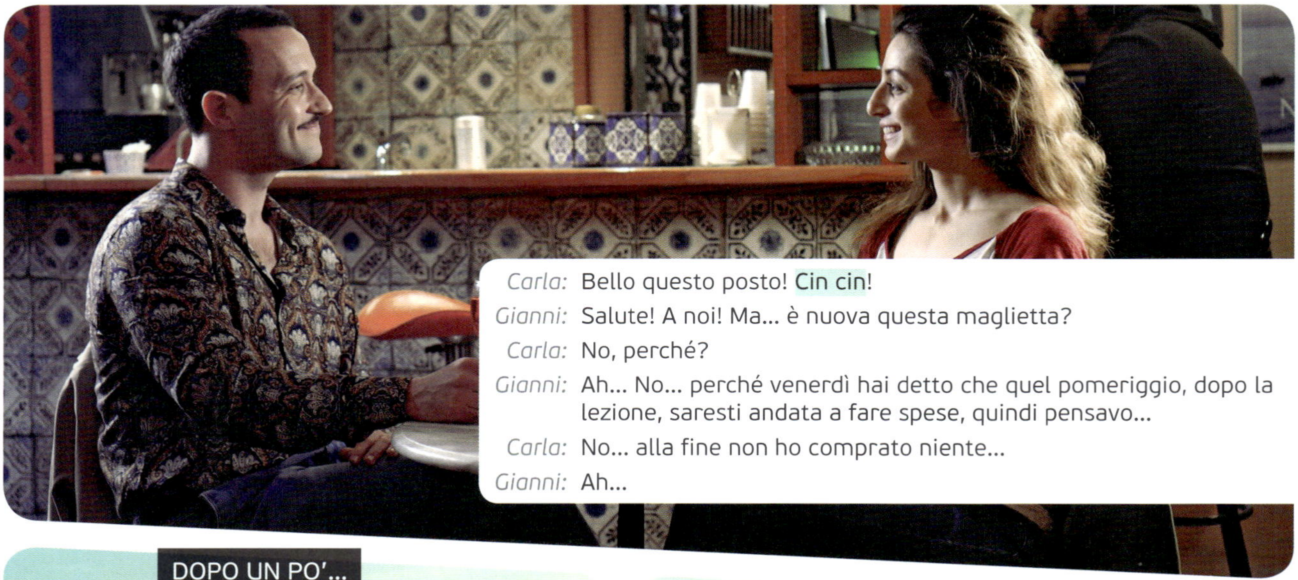

Carla: Bello questo posto! Cin cin!
Gianni: Salute! A noi! Ma... è nuova questa maglietta?
Carla: No, perché?
Gianni: Ah... No... perché venerdì hai detto che quel pomeriggio, dopo la lezione, saresti andata a fare spese, quindi pensavo...
Carla: No... alla fine non ho comprato niente...
Gianni: Ah...

DOPO UN PO'...

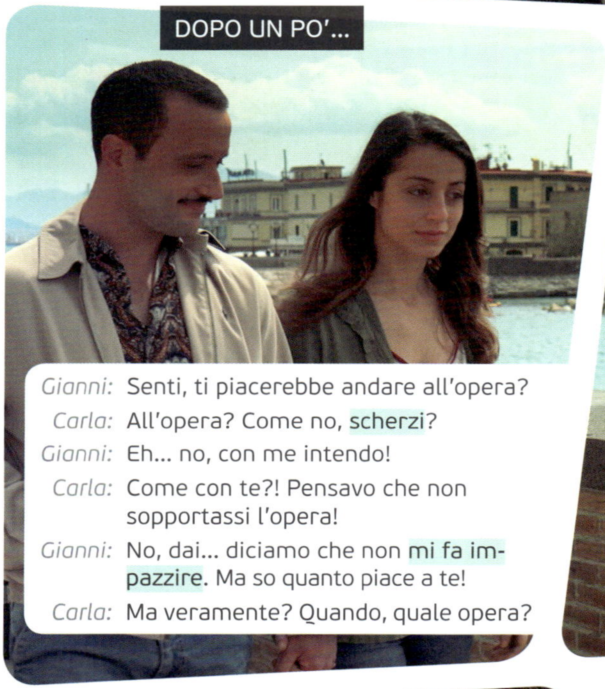

Gianni: Senti, ti piacerebbe andare all'opera?
Carla: All'opera? Come no, scherzi?
Gianni: Eh... no, con me intendo!
Carla: Come con te?! Pensavo che non sopportassi l'opera!
Gianni: No, dai... diciamo che non mi fa impazzire. Ma so quanto piace a te!
Carla: Ma veramente? Quando, quale opera?

Gianni: Domani sera al Teatro San Carlo c'è *La Traviata*!
Carla: Domani?! Non ci credo! Sai che non l'ho mai vista dal vivo!
Gianni: Lo so: a Venezia mi dicevi che era la tua opera preferita e che la volevi andare a vedere lì. Ma è vero che in tutte le opere i protagonisti muoiono alla fine?
Carla: Ehehe, in tutte no, ma quasi. E cosa aspettavi a dirmelo?!

Gianni: Allora... i biglietti me li ha trovati un amico, Beppe. Lunedì mi ha detto che il giorno dopo me li avrebbe lasciati al bar San Carlo, vicino al teatro. Ma poi ha avuto un problema e solo oggi mi ha dato la conferma.
Carla: Ah, ma ti saranno costati una fortuna!

Gianni: Di questo non ti deve preoccupare. Prima dello spettacolo passeremo al bar a prenderli. Bello però, no?, un bar e un teatro dedicati a un santo.
Carla: In realtà, credo che il teatro si chiami così in onore del re Carlo... Cosa hai detto, a un santo? Il bar... del Santo? ...Gianni, sei un genio!

es. 24-2 p. 4

EPISODIO 14

"UN GENIO IO?! LO SO, MA PERCHÉ LO DICI?" CHIEDE GIANNI. "NIENTE, TE LO SPIEGO UN'ALTRA VOLTA" RISPONDE CARLA, CHE LA SERA DOPO, ALL'OPERA, RIMANE ESTASIATA! E GIANNI? DICE CHE GLI È PIACIUTA MOLTO. IL GIORNO DOPO I DUE PASSEGGIANO NEI FAMOSI QUARTIERI SPAGNOLI...

Carla: Sei un po' pensieroso oggi.

Gianni: Eh? Sì, è stata una giornataccia al lavoro, un sacco di gente...

Carla: ...Ma cosa stai cercando?

Gianni: Niente, una ricevitoria del lotto... Ti dispiace se ci fermiamo un attimino?

Carla: Certo... ma vuoi giocare al lotto?!

Gianni: No, ci devo giocare! Ho sognato un numero, cioè qualcosa che corrisponde a un numero. Quindi... lo voglio giocare subito.

Carla: Ma veramente?! Sei un napoletano DOC ormai! E cos'hai sognato?

Gianni: Una festa. Una festa in cui... si beveva, si cantava, si brindava.

Carla: Ma è normale! Hai sognato la prima scena della *Traviata*.

Gianni: Dici?! Beh, effettivamente mi è piaciuta molto. Comunque, nella smorfia napoletana la festa corrisponde al numero 20. Pasquale, al bar, mi ha dato un librone così sull'interpretazione dei sogni, che elenca ogni possibile variante!

Carla: Non mi dire! Ma allora è una scienza esatta! ...Ok, fa' come vuoi, lo sai che io non credo a queste cose.

Gianni: Beh, diciamo che io ho bisogno di crederci: se vinco potrò aiutare i miei, e poi non avrò più bisogno di fare lavoretti qua e là. Magari potrò aprire un bar mio e... chissà, mettere su famiglia. Sempre se... trovo una ragazza che mi ami davvero.

Carla: Ma che discorsi fai?! Perché parli così?

Gianni: Eh, perché ultimamente ti sento distante... come se mi nascondessi qualcosa. ...Non dici niente?

Carla: Allora, senti, ti racconterò tutto, se mi prometti che non ne parlerai con Bruno. Intesi?

5 MINUTI DOPO...

Gianni: Impossibile! De Cesaris?! Ma siete sicure?

Carla: Beh, al 90%. Leggi qui: "la principessa", "la consegna", "il principe": è tutto in codice! E grazie a te abbiamo scoperto che il "bar del Santo" è il bar San Carlo!

Gianni: Ah, già, è vero... che sono un genio!

Carla: Ma siamo ancora in alto mare, ci sono tante cose che non riusciamo a decifrare: "la festa del pazzo", "Doge"... forse un aereo privato.

Gianni: Cosa?! "Doge"? Non può essere... Così si chiamava l'aereo di Ivan!

Carla: Il tuo ex capo?! Ma è mai possibile, anche qui?!

Gianni: Senti, Carla, la cosa si fa seria... credo che dovremmo dirlo anche a Bruno!

es. 26-27
p. 42

EPISODIO 15

L'AEREO PRIVATO DI IVAN?! BASTA ANCHE SOLO IL NOME DELL'EX CAPO PER FAR SPAVENTARE GIANNI! NON DOBBIAMO DIMENTICARE CHE LUI E CARLA SONO VENUTI A NAPOLI PERCHÉ STAVANO SCAPPANDO PROPRIO DA LUI... GIANNI VORREBBE METTERE SUBITO AL CORRENTE BRUNO, MA PRIMA BISOGNA PARLARE CON ANNA COSÌ LUI, ANNA E CARLA SI VEDONO PER UN APERITIVO...

15

Anna: Bella *La Traviata*, vero? Gianni, ti è piaciuta?

Carla: Eh, pensa che se l'è pure sognata!

Anna: Ma dai! Allora, ragazzi, la settimana prossima andiamo a teatro? C'è *Non ti pago* di De Filippo. Lo danno a...

Carla: Senti, Anna, Gianni sa della registrazione! Scusa, era impossibile non dirglielo. E meno male, perché si è ricordato che "Doge"... era l'aereo di Ivan!

Anna: Il tuo ex capo?! Incredibile! Se c'è anche lui di mezzo, sicuramente sono coinvolti in qualcosa di illegale! A maggior ragione dobbiamo agire in fretta!

Gianni: No, scusate: io vorrei stare alla larga da Ivan... sempre che si tratti di lui. Però avrei un'idea!

Carla: Cioè?

Gianni: Allora, Bruno potrebbe attaccare un piccolo adesivo, un messaggio sotto la statua falsa: De Cesaris non penserà mai di guardare lì. Così, quando sarà trasferita al museo, si capirà che l'originale è stato rubato, no?

Carla: Eh?! Gianni, ti ricordi quando ti ho dato del genio? Come non detto!

Anna: In ogni caso, probabilmente Bruno non vorrà aiutarci, ce l'ha ancora con noi... Piuttosto, dobbiamo capire cosa ha intenzione di fare De Cesaris.

Carla: Ma come? A parte il "bar San Carlo"... sappiamo poco o niente. E comunque, è tutto inutile, se non sappiamo quando si incontreranno. Forse "la sera della festa del pazzo" è il giorno dell'ultima consegna?

Gianni: Beh, nella smorfia napoletana la festa è il 20. Il pazzo... aspetta che apro l'applicazione... è il 22: evidentemente non è il mese...

Anna: Macché, piove?! Ragazzi, andiamo dentro, il tempo è impazzito...

Gianni: Eh, come diceva mia nonna: "Arriva marzo pazzerello: esce il sole e prendi l'ombrello!".

Carla: ...Gianni, sei sempre un genio!

es. 28-2
p. 4

EPISODIO 16

INCREDIBILE: SEMBRA CHE GIANNI, ANCHE GRAZIE ALLA SMORFIA NAPOLETANA, L'INTERPRETAZIONE DEI SOGNI SECONDO UN'ANTICA TRADIZIONE, SIA RIUSCITO A DECODIFICARE UN ALTRO INDIZIO! NON SARÀ FORSE UN GENIO, MA SICURAMENTE È FORTUNATO. PERÒ LA FORTUNA DA SOLA NON BASTA PERCIÒ GIANNI E CARLA DECIDONO DI SEGUIRE DI NUOVO DE CESARIS...

16

Carla: Hai visto? A parte quando ha fatto una telefonata, non si è fermato quasi mai.

Gianni: Infatti, seguire De Cesaris non porta da nessuna parte, non ha senso. Dobbiamo convincere Bruno ad aiutarci! ....È mia madre. Ciao ma', come va? ...Non ho capito, chi? ...Eh, cosa ha fatto Marta? ...Scusa, puoi ripetere? ...Ah, a casa di lui? ...Mamma, parla più forte, sono per strada! ...Fatti suoi, non è più una ragazzina! ...Non ho capito, chi? ...Mamma, non si sente bene... Senti, ti richiamo io più tardi, mi sa che qui non prende molto bene. Ciao.

Carla: Che è successo?

Gianni: Pare che mia sorella abbia deciso di andare a convivere con un uomo molto più grande di lei, che ha già due figli e... niente, i miei non sono molto contenti: avevano in testa un altro 'modello' di famiglia...

Carla: Ho capito... Senti, quando proverai a parlare a Bruno?

Gianni: Domani, durante la gita. A proposito, mi ricordi l'itinerario?

Carla: Allora, prima andremo fino a Salerno e poi risaliremo tutta la costiera: Ravello, Amalfi, Positano e Sorrento.

Gianni: Un bel giro, veramente! E a che ora partiamo?

Carla: Alle 9 passiamo a prendere i ragazzi... Ah, siamo arrivati... comunque, strano nome per una palestra: "Ottaviano"!

Gianni: Eh, sì, è il nome del proprietario, lui ne va così fiero. Pensa che una volta l'ho chiamato Ottavio e si è incazzato!

Carla: Perché?!

Gianni: Eh, perché Ottaviano è il nome di un imperatore... era il nome di Augusto, no? E ci teneva ad aprire la palestra proprio qui, vicino alla statua. Anche se qui quasi tutto si chiama Augusto. Vedi? Il bar, il cinema...

Carla: Già... Ma quindi... il "cinema Ottaviano" di cui parlava De Cesaris e che non riuscivamo a trovare... potrebbe essere... il cinema Augusto!

Gianni: Eh? Ma certo! Ammazza quanto sono bravo, eh!

es. 30-31
p. 43

EPISODIO 17

LA FORTUNA SEMBRA ESSERE ANCORA DALLA PARTE DI GIANNI E LE RAGAZZE: HANNO DECODIFICATO UN TERZO INDIZIO DELLA REGISTRAZIONE! NON SANNO PERÒ SE QUESTO GLI SARÀ DI QUALCHE AIUTO... IL GIORNO DOPO I QUATTRO AMICI FARANNO UNA GITA IN MACCHINA E GIANNI E CARLA PASSANO A PRENDERE ANNA E BRUNO...

17

Gianni: ...E adesso che sappiamo dove si trova il cinema Ottaviano? Cambia qualcosa?

Carla: Forse sì. Perché nella registrazione De Cesaris dice: "la fine della N".

Gianni: E che vuol dire?

Carla: Io credo che si tratti di uno schema: ogni punta della N corrisponde al luogo di un incontro, quindi, magari possiamo scoprire il luogo dell'ultimo incontro.

Gianni: Carla, non ci capisco niente. Comunque, oggi bisogna parlare con Bruno! Ma perché ci mettono tanto?

Carla: Che ne so, Anna mi ha detto che stavano scendendo. È Anna! ...Dove siete? ...Eh?! ...Perché? ...Ok. Dobbiamo salire, c'è un problema. Devi parcheggiare la macchina.

Gianni: Parcheggiare?! Qui?! Conviene andare a casa, lasciare la macchina e tornare in metro!

Carla: ...Ciao ragazzi, ma che è successo?

Bruno: Mi ha appena chiamato mio padre: mia madre è stata investita da un motorino e... si deve operare d'urgenza al ginocchio.

Carla: Oddio! Quando, come?

Bruno: Due ora fa, mentre buttava la spazzatura.

Carla: Porca miseria! Ma come sta?

Bruno: Beh, il ginocchio è messo male, per il resto neanche un graffio! Scusate, ragazzi, ovviamente niente gita per me, devo partire subito per Roma!

Anna: Calmati, amore, vengo con te.

Bruno: No, Anna, ne abbiamo già parlato: non puoi lasciare il lavoro così senza preavviso. Tanto, neanch'io potrò fermarmi per molti giorni.

Gianni: Bruno, posso fare qualcosa? Vuoi che venga con te?

Bruno: No, non c'è bisogno. Grazie, comunque. Sai, ci saranno anche problemi pratici adesso: mio padre non cucina, fa pochissimi lavori in casa. Quindi, non lo so, forse dovrò trovare una badante, o qualcuno che vada a pulire.

Gianni: Già, è vero. Comunque, per qualsiasi cosa non esitare, chiamami e prenderò il primo treno. A proposito, hai fatto il biglietto?

Anna: No, non ancora... sto guardando proprio ora.

Gianni: Senti, Bruno, lo so che non è il momento, ma quando torni... vorrei che parlassimo un po' di De Cesaris.

Anna: Hai detto bene, non è il momento. Allora, ci sono posti sul Freccia delle 10... ne prenoto due?

Bruno: Uno, amore. Alle 10? Allora, mi devo sbrigare...

Gianni: Tranquillo, ti accompagno io!

Bruno: Grazie, metto il giubbotto e andiamo.

Gianni: ...E adesso?

NEL FRATTEMPO...

De Cesaris: ...Tutto sotto controllo, non ti preoccupare, però... ieri una coppia di... fidanzati mi ha seguito fino a casa. Li conosco, perciò li ho notati. Ora che ci penso, lui assomiglia a quel tuo impiegato che stavi cercando. Sono riuscito a fotografarli, ora ti mando la foto.

es. 32-3
p. 4

MOLTO INQUIETANTE LA TELEFONATA DI DE CESARIS... MA TORNIAMO AI NOSTRI AMICI! PER IL MOMENTO NON È POSSIBILE COINVOLGERE BRUNO: GLI ALTRI DEVONO CERCARE DI RISOLVERE IL REBUS DA SOLI. QUALCHE GIORNO DOPO, GIANNI E CARLA VISITANO IL MASCHIO ANGIOINO, L'IMPONENTE CASTELLO SUL LUNGOMARE DI NAPOLI E UNO DEI SIMBOLI DELLA CITTÀ...

18

Carla: Finalmente al Maschio Angioino: ci abbiamo messo solo sei mesi per deciderci a venire!

Gianni: Va beh, meglio tardi che mai. Allora... mi sono preparato, so tutto del castello.

Carla: Ah, davvero?

Gianni: Sì, sì. Dunque... qui abitarono molti re di Napoli... È conosciuto anche con il nome di Castel Nuovo, questo lo sapevi, ma perché nuovo? Perché quando il re Carlo I d'Angiò ne cominciò la costruzione, nel... 1279, a Napoli c'erano già altri due castelli.

Carla: Bravo, Gianni! Pensi di poter ripetere quello che hai detto anche senza guardare sul cellulare?

Gianni: No, volevo solo controllare l'anno... Allora, Carlo I trasferì la capitale del Regno di Sicilia da Palermo a Napoli, ma lui stesso non abitò mai al Maschio perché nel frattempo Pietro II d'Aragona conquistò Palermo... troppi dati storici?

Carla: Sì, ma non importa. A proposito di storia, proprio oggi ho assegnato alla mia classe un progetto e quasi tutti volevano farlo sul Maschio Angioino.

Gianni: Guarda caso! Ma cosa devono fare esattamente?

Carla: Presentare i monumenti collegati ai più importanti eventi della storia della città. C'era chi voleva presentare gli altri castelli, chi Porta Capuana ecc. Invece, una ragazza voleva presentare la Fontana del Nettuno, ma non era sicura perché si tratta di un soggetto mitologico e non storico.

Gianni: Infatti... Per riprendere il mio discorso... indovina, quante torri ha il Maschio?

Carla: Eh? Quante, quattro?

Gianni: No, cinque! E non ci crederai, ognuna ha un nome!

Carla: Davvero? Anche un cognome?

Gianni: Eh? Aspetta... no, non credo... Mi stai prendendo in giro, eh? Vado avanti: entrando abbiamo visto la torre "di San Giorgio"... quella "di Guardia" e...

Carla: Ma, secondo te, aveva ragione la mia studentessa? La Fontana del Nettuno può raccontare qualche evento storico?

Gianni: Non lo so! Secondo me, ogni monumento fa parte della storia di una città. Chissà chi fece costruire la fontana, quando e perché.

Carla: Giusto.

Gianni: Tornando a noi... che stavo dicendo? Ah sì, poi, davanti al porto, c'è la torre "dell'Oro" e... Che c'è, perché ti sei fermata?

Carla: Quindi, il porto... è "dietro l'oro"... Aspetta un attimo... Anna, ciao! ...Sì, sì. ...Senti, credo che il nostro genio abbia scoperto anche il luogo del terzo incontro!

es. 34-35 p. 44

EPISODIO 19

GIANNI NON SMETTE DI SORPRENDERE CARLA. "SENTI, ANNA, MI MANDERESTI LA REGISTRAZIONE E LA TRASCRIZIONE DELLA TELEFONATA?" CHIEDE AD ANNA. "PROVIAMO A FARE IL PUNTO DELLA SITUAZIONE". POCO DOPO, CARLA E GIANNI ASCOLTANO LA TELEFONATA DI DE CESARIS CON LA TRASCRIZIONE DAVANTI E PRENDONO APPUNTI...

19

EPISODIO 20

GRAZIE ALLA... FORTUNA DI GIANNI E ALLE INTUIZIONI DI CARLA, SONO RIUSCITI A METTERE INSIEME QUASI TUTTI I PEZZI DEL PUZZLE. MA TUTTO QUESTO PUÒ RIVELARSI INUTILE, SE NON RIUSCIRANNO A INDIVIDUARE IL LUOGO DELL'ULTIMO INCONTRO. IN QUEL MOMENTO SQUILLA IL TELEFONO DI CARLA. È ANNA: "MI È VENUTA UN'IDEA, PASSATE DA ME DOMANI?"...

Anna: Ciao ragazzi, venite.
Carla: Tutto bene? Bruno?
Anna: Torna domani, sua madre sta meglio. Ragazzi, vi devo far vedere una cosa.
Carla: Che cos'è?
Anna: Ricordate la registrazione: "alla fine della N"?

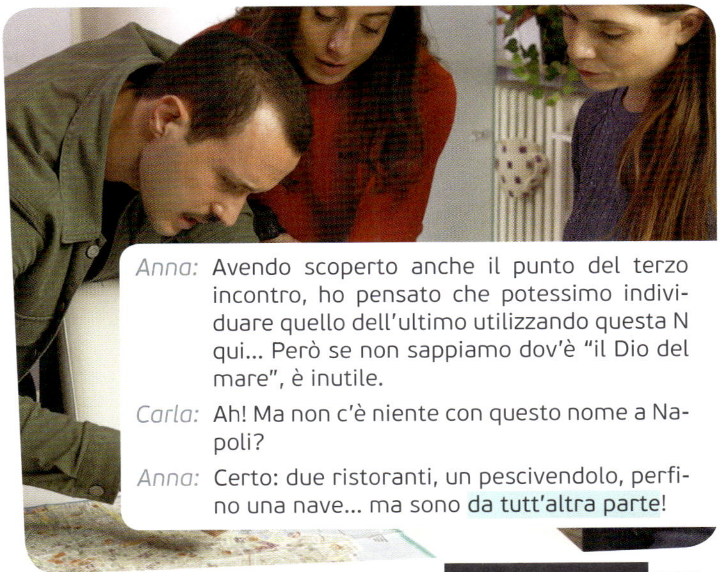

Anna: Avendo scoperto anche il punto del terzo incontro, ho pensato che potessimo individuare quello dell'ultimo utilizzando questa N qui... Però se non sappiamo dov'è "il Dio del mare", è inutile.
Carla: Ah! Ma non c'è niente con questo nome a Napoli?
Anna: Certo: due ristoranti, un pescivendolo, perfino una nave... ma sono da tutt'altra parte!

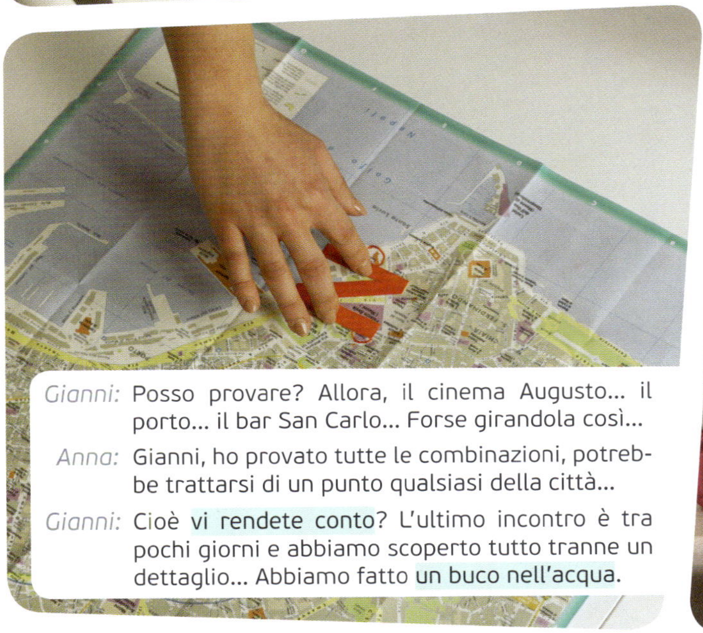

Gianni: Posso provare? Allora, il cinema Augusto... il porto... il bar San Carlo... Forse girandola così...
Anna: Gianni, ho provato tutte le combinazioni, potrebbe trattarsi di un punto qualsiasi della città...
Gianni: Cioè vi rendete conto? L'ultimo incontro è tra pochi giorni e abbiamo scoperto tutto tranne un dettaglio... Abbiamo fatto un buco nell'acqua.

DOPO UN PO'...

Carla: Peccato però, ci mancava così poco! Avremmo potuto prendere due piccioni con una fava, De Cesaris e Ivan!
Gianni: Infatti... passando ad altro, alla fine cos'hai detto alla tua studentessa, presenterà la Fontana del Nettuno? Il re del mare!

Carla: Il Dio del mare... Ma certo, Nettuno!
Gianni: Eh? Che è successo, dove andate?
Carla: Hai visto? È tremendo!
Gianni: Però devi smetterla di sorprenderti così ogni volta che scopro un indizio, non è affatto carino.

Carla: Ehehe. Che scemi però, era l'uovo di Colombo! Anna, che c'è? Sei sbiancata!
Anna: "...che dà sul Dio del mare". Sapete cosa c'è di fronte alla Fontana del Nettuno? La pizzeria dove lavoro io!

es. 36-37
p. 44

EPISODIO 21

QUEST'ULTIMA SCOPERTA SPAVENTA ANNA: LA FACCENDA SI FA PERICOLOSA! "CERTO, FORSE LE NOSTRE SONO SOLO IPOTESI! QUELLO CHE ABBIAMO SCOPERTO POTREBBE ESSERE TUTTO FRUTTO DELLA NOSTRA IMMAGINAZIONE" COMMENTA GIANNI. "...E SE COSÌ NON FOSSE, CHE FACCIAMO?" RISPONDE ANNA. IL GIORNO DOPO I TRE RAGAZZI SI INCONTRANO DI NUOVO...

21

Carla: Quindi, Bruno torna domani? E quando gli parlerai?

Anna: Già fatto... per telefono!

Carla: Ahia... e come l'ha presa? Si è arrabbiato?

Anna: Mah, più che arrabbiarsi, direi che c'è rimasto male perché l'abbiamo tenuto all'oscuro di tutto. Mi fa: "Chi sono io, l'ultima ruota del carro?".

Gianni: Beh, un po' di ragione ce l'ha però, no?

Anna: Ah, sì?! Forse non ti ricordi bene, ma, prima di fare qualsiasi cosa, abbiamo cercato di coinvolgervi...

Gianni: Sì, hai ragione...

Anna: E lui non ne ha voluto sapere perché si trattava del "suo caro professore"!

Gianni: Non aveva tutti i torti, però.

Anna: Insomma, aveva ragione o aveva torto?!

Gianni: Ok, abbiamo tutti ragione. Ma alla fine come siete rimasti?

Anna: Eh... non siamo rimasti. Comunque, dopo aver ascoltato la registrazione sembra che abbia cambiato idea.

Carla: Ah, meno male. Quindi, possiamo contare su di lui?

Anna: Beh, non è sicuro che vorrà aiutarci, mi ha detto che voleva dormirci sopra...

Carla: Eh, speriamo che quando... si sveglia non chiami De Cesaris per chiedere chiarimenti.

Anna: No, questo lo escludo. Comunque, a prescindere da Bruno, noi che cosa faremo? L'ultimo incontro è questo venerdì.

Carla: Beh, avvisare la polizia mi sembra l'unica opzione. Se li informiamo del luogo e del giorno esatti, dovranno intervenire, no?

Anna: Uhm, non ne sarei così sicura! Perché si dovrebbero mobilitare per una denuncia anonima?

Carla: Basta parlare di reperto archeologico e scatterà l'allarme. A maggior ragione, se facciamo il nome di Ivan! Sappiamo bene da quanto tempo gli stanno addosso!

Anna: Può darsi. Comunque, se li beccano nella pizzeria in possesso della statuetta, è finita!

Gianni: Questo è poco ma sicuro. A proposito, Anna, è stata riaperta la pizzeria dopo il furto dell'altro ieri?

Anna: Sì, subito, ieri. Il proprietario ha fatto installare un sistema di videosorveglianza. Incredibile, ragazzi: telecamere ad alta risoluzione, senza fili, microscopiche, quasi invisibili: tecnologia tutta italiana!

Carla: Comunque, un po' strano questo furto proprio adesso, no?

Anna: Dici?!

es. 38-39
p. 45

I RAGAZZI VORREBBERO OSTACOLARE LA VENDITA DI UN REPERTO ARCHEOLOGICO RUBATO. MA SE LA CONSEGNA AVVERRÀ NELLA PIZZERIA IN CUI LAVORA ANNA, CHIAMARE LA POLIZIA POTREBBE ESSERE PERICOLOSO PER LEI! CHE BRUTTA SITUAZIONE... MOLTI AL LORO POSTO AVREBBERO GIÀ LASCIATO PERDERE. NEL FRATTEMPO BRUNO È FINALMENTE TORNATO DA ROMA...

22

Carla: Allora, Bruno, che ne pensi?

Bruno: Comunque, Gianni, non me lo sarei mai aspettato da parte tua!

Gianni: Dai, ce l'hai con me?

Bruno: Non hai capito: non mi aspettavo che scoprissi tutti gli indizi!

Gianni: Ehehe, detto fra noi, nemmeno io, guarda! Quindi, possiamo contare su di te?

Bruno: Certo: saputa la verità, non ho avuto più dubbi: bisogna salvare la statuetta!

Carla: Perfetto. Oggi telefonerò alla questura di Napoli e riferirò tutto quello che sappiamo.

Anna: E se non dovessero dare retta a una denuncia anonima?

Carla: In effetti, forse serve un piano B. Ma Bruno, non c'è qualche archeologo a Pompei con cui potresti parlare?

Bruno: Eh?! Ora che ci penso... ci sarebbe una persona... però sarebbe molto rischioso. A parte che potrei non laurearmi più!

Carla: Giusto... Se no, Anna non potresti fare una foto a De Cesaris e ai suoi complici durante lo scambio?

Anna: Scherzi?! Vista la situazione, io venerdì sera non voglio neanche lavorare! E poi si tratta di persone sveglie, staranno molto attenti!

Gianni: Ovvio, ma potresti far finta di leggere un messaggio, ad esempio. O di fare un selfie con loro alle tue spalle: non si accorgerebbero di nulla.

Carla: Esatto, come faceva Gianni quando mi seguiva per le strade del centro...

Gianni: Ah... te n'eri accorta?

Anna: Comunque, niente foto, è troppo rischioso.

Gianni: Infatti... La cosa assurda è che ormai la pizzeria è piena di telecamere e loro non lo sanno.

Carla: ...Hai visto?! E tu non ci credevi.

Gianni: Eh, hai visto? Ma che ho detto?!

Bruno: Ma certo, le telecamere! Anna, forse potresti fare una copia della registrazione! Ci sarà un modo, no?

Anna: Boh! E fatto questo?

Carla: Eh... vedremo, magari il nostro genio avrà un'altra illuminazione! Gianni, ma lascia stare il cellulare e i social adesso!

Gianni: Veramente sto guardando la zona della pizzeria su Google Maps. Ma lo sapevate che nella stessa piazza c'è anche un bar che si chiama *Nettuno*?!

es. 40-41 p. 45

LA POLIZIA DARÀ SEGUITO A UNA SEGNALAZIONE ANONIMA? IN CASO CONTRARIO, I QUATTRO AMICI POTRANNO USARE I FILMATI DELLE TELECAMERE? COMUNQUE, SIAMO SICURI CHE L'ULTIMO INCONTRO AVVERRÀ EFFETTIVAMENTE NELLA PIZZERIA? LA SERA DELLO SCAMBIO ARRIVA... E PASSA! IL GIORNO DOPO I QUATTRO AMICI SONO A CASA, ANCORA AGITATI...

Se credi che abbiano decifrato correttamente tutti gli indizi, ascolta e leggi il finale marrone.
Se no, ascolta e leggi il finale verde.

Carla: Sssh... comincia, alza il volume!

Tg: Buonasera e benvenuti al Tg di *TeleNapoli*. Grande blitz della polizia di Napoli ieri! In pieno centro, a Piazza del Municipio...

DOPO UN PO'...

Carla: Allora?

Anna: Datemi un attimo che sono ancora agitata.

Gianni: Ha ragione, datele un attimo. Allora?

Anna: Dunque... sono arrivati verso le 9. De Cesaris appena mi ha visto ci è rimasto!

Carla: Ti ha riconosciuta?!

Anna: Sicuro, ma era sorpreso, non mi ha nemmeno salutato. Per fortuna li ha serviti il mio collega.

Bruno: L'acquirente c'era già?

Anna: Sì, o chi per lui: un tizio sui 40, molto elegante, seduto in un angolo.

Bruno: E poi?

Anna: Eh, sono entrati, si sono guardati un po' intorno e si sono seduti.

Bruno: E lui aveva lo zaino, no?

Anna: Certo.

Carla: Ma sei riuscita a sentirli un po'?

Anna: Macché, non volevo avvicinarmi, ogni tanto buttavo un'occhiata di nascosto.

Gianni: Quindi non hai fatto la foto come dicevamo...

Carla: Come tu avevi detto. Ma Gianni, ti rendi conto dei rischi?

Anna: Anche perché a un certo punto ho notato che uno di loro mi fissava!

Bruno: Ivan?

Anna: No, il quarto uomo... non ve l'ho detto, erano in quattro.

Gianni: Ah, e perché ti guardava?

Anna: Il suo volto mi era familiare, ma non riuscivo a dargli un nome. Ero un po' spaventata, così sono andata in cucina... E lì ho realizzato!

Bruno: Cosa?

Anna: Non ci crederete... era Ferrara!

Carla: Chi?! Quale Ferrara, il nostro?! Ma sei sicura?!

Anna: Sì, quando l'ho riconosciuto, mi è preso un colpo. Poi mi sono ricordata della registrazione... Sentite qua: "...un museo nella mia città. ...Ti farei direttore, guarda, ma dopo quello che hai combinato a Roma, non mi fido".

Carla: Oddio! Ma certo, ora tutto quadra... Gianni, questo ti era sfuggito.

Gianni: Eh, non posso fare tutto io, ragazzi.

Bruno: Ma pensi che ti abbia riconosciuta?

Anna: Boh... comunque dopo un po' De Cesaris e Ivan si sono alzati per andare via... senza lo zaino!

Gianni: Eh, certo, questo è un classico. E poi?

Anna: Stavano aprendo la porta quando è successo tutto!

Carla: Cioè li hanno presi sulla porta?!

Anna: Esatto, se avessero tardato un altro po'...

Bruno: E gli altri due?

Anna: Beh, Ferrara era pallido e non sapeva che fare. L'altro invece era piuttosto calmo.

Bruno: E li hanno arrestati tutti e quattro?

Anna: Sì, con lo zaino in mano. Ragazzi, ero spaventatissima! Ma è successo tutto in un batter d'occhio, non hanno opposto la minima resistenza!

Carla: Meno male! Ma vi rendete conto: in un colpo li abbiamo fatti fuori tutti e tre!

Gianni: Scusate, "abbiamo"?! Per la cronaca, è stato il sottoscritto a decifrare il "codice De Cesaris" e a risolvere il mistero! Però, devo ammettere che siete stati dei bravi assistenti...

tutti: Ma vai!

es. 42
p. 46

24

Carla: Dai, racconta!

Anna: Allora, io guardavo continuamente la porta. Aspettavo De Cesaris e Ivan oppure uno dei due con il principe, l'acquirente. Verso le 8 è entrato un tizio e si è seduto in fondo alla sala.

Carla: Com'era?

Anna: Mah, normale. Ha ordinato un aperitivo e ha detto che aspettava degli amici. Ogni tanto guardava la porta e parlava sottovoce al cellulare.

Gianni: Era l'acquirente?

Anna: Ma no, quale acquirente! Ma se sai già com'è andata a finire!

Gianni: E chi era, allora?

Anna: Un poliziotto! Perché quando ho finito di lavorare, lui era fuori, in piazza, insieme a uno in divisa.

Carla: Quindi, sono venuti!

Anna: Sì, ma aspetta... attraverso la piazza e chi vedo?

Carla: Chi?!

Anna: De Cesaris, da solo, che entra in macchina! Era buio, ma sono sicura che era lui.

Carla: Ma allora...

Anna: E un po' più in là c'era appunto il bar *Nettuno*!

Gianni: Eh, avete visto?

Carla: Non ci credo! Quindi l'appuntamento era effettivamente lì!

Anna: Ma certo, non poteva essere un caso! E io volevo gridare ai poliziotti in piazza "è lui!"... ma non aveva più senso!

Carla: Incredibile! Che peccato, ragazzi... avevamo scoperto tutti gli indizi, tranne questo!

Gianni: Scusate! Per la cronaca, ho scoperto tutti gli indizi, anche il bar. Ma voi eravate fissati con la pizzeria...

Carla: È vero... abbiamo sbagliato... È stato tutto invano...

Bruno: Però non avete sentito ancora le mie di notizie!

Anna: Cioè?

Bruno: Ieri ho parlato con quel professore.

Anna: Ah! E perché non hai detto niente, Bruno?

Bruno: Perché era molto scettico, incredulo. Ma poco fa mi ha chiamato: ha esaminato la statuetta ed è sicuro che quella a Pompei è un falso!

Carla: Fantastico! E cosa farà?

Bruno: Stava già andando alla magistratura di Napoli per denunciare il fatto!

Carla: Ottimo! Ma allora De Cesaris è fregato!

Bruno: Penso di sì, è il responsabile, l'unico che aveva accesso alla principessa. Fino a ieri.

Anna: Perfetto! Però, secondo me, non sarà facile trovare la statua... se effettivamente De Cesaris l'ha già venduta.

Carla: Infatti... Ma come hai fatto a convincere questo professore?

Bruno: Beh, ovviamente non potevo dirgli che avevamo registrato De Cesaris: gli ho detto che il mio amico Gianni l'aveva sentito parlare al telefono... senza raccontare della caccia al tesoro che avete fatto.

Gianni: Ci pensa sempre Gianni a risolvere i problemi...

Bruno: Anzi, Gianni, quando tutto questo sarà finito, credo che la polizia ti dovrà dare una bella medaglia.

Gianni: E mi sembra il minimo, dopo tutto quello che ho fatto.

Carla: Però vi ricordo che Ivan l'ha fatta franca un'altra volta!

Gianni: Vero... ci ho ripensato, niente medaglie, queste cose non fanno per me!

es. 43
p. 46

Napoli

"Vedi Napoli e poi muori" recita un famoso detto. Napoli è una città poetica, ricca di colori e profumi. Per rendersene conto basta fare un giro per il **centro storico**, patrimonio Unesco, e i suoi vicoli ricchi di storia e tradizione. Ma cos'altro possiamo o dobbiamo vedere a Napoli?

es. 1-2 p. 47

Piazza del Plebiscito

È una delle più grandi piazze d'Italia. Per raggiungere l'attuale forma ci sono voluti secoli. Oggi è possibile ammirare il Porticato semicircolare e la Chiesa di San Francesco di Paola.

Vesuvio

Il Golfo di Napoli è dominato dal Vesuvio, un vulcano ancora attivo. Tante sono state le eruzioni nel corso dei secoli, ma la più conosciuta è certamente quella del 79 d.C., famosa per aver distrutto Pompei ed Ercolano.

Curiosità

San Gennaro è il protettore di Napoli. A lui è dedicata, all'interno del Duomo, la Reale Cappella del Tesoro di San Gennaro. Tre volte all'anno, i napoletani festeggiano il **miracolo**, la trasformazione del sangue del Santo, conservato in un'ampolla, da solido a liquido. Ogni volta che il miracolo non si realizza, i napoletani temono disgrazie.

Napoli sotterranea

Un aspetto che rende questa **città misteriosa** è la Napoli sotterranea: scavi di epoca greco-romana, catacombe, antichi acquedotti.

Eduardo De Filippo e **Totò** sono stati due grandi protagonisti nella storia non solo del teatro napoletano, ma della tv e del cinema italiano. Nella foto Eduardo indica a Totò la maschera di Pulcinella, nata nel XVI secolo insieme alla Commedia dell'arte e simbolo di Napoli. Infatti, Pulcinella rappresenta perfettamente la città e le sue contraddizioni, a metà tra falsità e verità, tra illegalità e onestà, tra ricchezza e miseria.

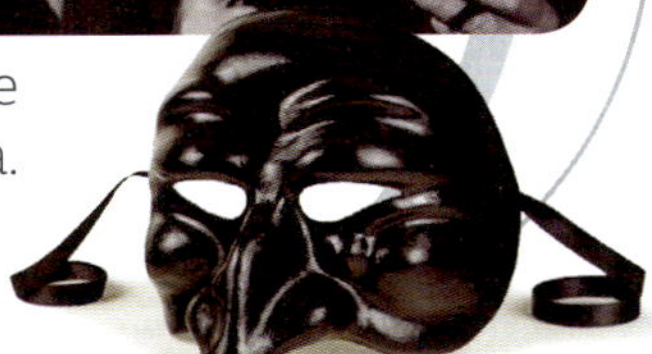

Sapete che...?

Napoli è la città che in Italia ha più teatri: ben 32!

Il più famoso è il *Teatro San Carlo*, il più antico teatro d'opera in Europa e uno dei più grandi in Italia: può ospitare fino a 2.000 spettatori.

AVVENTURE A NAPOLI

Legenda
caselle verdi: tirate il dado un'altra volta!
caselle rosse: tornate indietro di tre caselle!

Un giro per Napoli

Giocate in 3 o in 3 piccoli gruppi. A turno, tirate il dado e svolgete i compiti proposti. Se la risposta non è giusta, tornate indietro di due caselle. Se un giocatore arriva su un compito già svolto, fa un compito extra. Dopo, il turno passa al giocatore successivo. Vince chi arriva per primo al Centro Direzionale. Attenzione alle caselle colorate: leggete la ***Legenda****!*

2. "Non ci crederai, mi ha detto esattamente così, parola ..."
3. Trova e correggi l'errore: *Temevamo che abbiate scelto di cambiare dipartimento per non lavorare più con noi!*
4. Qual è l'espressione estranea?
   eccetto che – dato che – tranne – a meno che
5. "Mahmoud parla la nostra lingua ... fosse nato in Italia!"
7. Trasforma nell'aggettivo contrario: razionale – giusto – possibile.
8. "Pensavo che anche tu ... (volere) aiutarlo e invece non fai niente!"
9. Il santo protettore della città di Napoli.
10. La ragione per cui è famosa Via San Gregorio Armeno.
13. "Magari i giovani ... (potere) fermare le conseguenze del cambiamento climatico!"
14. Trasforma al periodo ipotetico di 2° tipo: *Glielo chiederò certamente, se la incontrerò.*
15. "Questa volta mi hai proprio deluso! Non me lo ... da te!"
16. Trova e correggi l'errore: *A Sorrento si mangia i migliori limoni d'Italia.*
17. Trasforma al periodo ipotetico di 3° tipo: *Se tutti smettessero di pagare il pizzo, la criminalità sarebbe già sconfitta.*
19. "Che cosa sarebbe accaduto se la polizia non ... (arrivare) in tempo?"
21. "Questo sentiero è chiuso: non porta da ..."
22. Completa con il passato remoto: *Giuseppe Garibaldi ... (essere) l'eroe della Spedizione dei Mille.*
23. "Nella nostra palestra ci sono corsi di yoga, pilates, zumba e chi più ne ha..."
24. "La più famosa eruzione del Vesuvio risale al 1880/79 d.C./XVI sec.."
26. Trova e correggi l'errore: *Vacci lento con l'alcol, fa malissimo!*
28. Le parti in cui è divisa una somma da pagare.
29. Trova e correggi l'errore: *Se mangeremmo solo cibi vegani, consumeremmo molta meno acqua.*

Compiti extra

- "Per il centenario della morte di Caruso, è stato organizzato un concerto in suo ..."
- "I lavori nel nuovo appartamento sono ancora in alto ...!"
- "Anche parlandone/lo/gli con lui, non risolveremo il problema."
- Trasforma alla forma passiva: *Dovevo partire ieri, ma hanno rubato la mia macchina.*
- "Sandro vuole convincere i suoi genitori a/di/ad/per accettare la sua convivenza con Mario."
- Completa con il gerundio passato: *Pur ... (studiare) giurisprudenza, mio zio decise di dedicarsi al settore tecnologico.*

AVVENTURE A NAPOLI

1 p. 8

Riascolta il dialogo o guarda di nuovo il video e indica le informazioni presenti.

1. Carla insegna in un'associazione di volontariato. ▢
2. Adesso insegna in una classe di giovani ragazze. ▢
3. Gianni capisce quasi tutto in napoletano. ▢
4. Ivan ha seguito Carla e Gianni in mezza Italia. ▢
5. Anna ha trovato lavoro in una pizzeria. ▢
6. Gianni evita la pizza perché è a dieta. ▢
7. I ragazzi visiteranno presto Pompei. ▢
8. Bruno è il responsabile degli scavi di Pompei. ▢

2 p. 8

a *Completa le battute con meno, crederai, piano, bene, figo, senso. Poi cerca queste battute nel dialogo.*

1. • È un'esperienza nuova, guarda! • In che ____________?
2. • Quando parli così... con tanto entusiasmo, ricordo perché mi sono innamorato di te!
   • Ah, ____________ male!
3. Comunque, abbiamo fatto ____________ a trasferirci a Napoli.
4. E non ci ____________: la pizzeria si trova in Via del Corso!
5. Vacci ____________, che troppa pizza fa ingrassare.
6. Ci farà entrare anche nell'area riservata agli archeologi. ____________, no?

b *Osserva le espressioni evidenziate e poi completa le frasi che seguono con una o due parole.*

1. Hai ____________ a fare una donazione per *ActionAid*.
2. Ragazzi, andateci ____________ con quel vino! Chi di voi guida dopo?
3. Ma veramente il tuo lavoro ti permette di girare il mondo? ____________!
4. Non ____________: ho visto il tuo ex capo in TV!
5. ____________ che il Comune finanzia diversi servizi per l'integrazione degli immigrati!

3 p. 9

Ascolta di nuovo il dialogo e indica se le affermazioni sono vere o false.

	V	F
1. Non è la prima volta che Carla visita Pompei.	▢	▢
2. Secondo Gianni, il lavoro di Bruno non è molto interessante.	▢	▢
3. Il professor De Cesaris è un archeologo molto apprezzato.	▢	▢
4. Lui e la sua squadra hanno scoperto un nuovo affresco.	▢	▢
5. Bruno avrebbe voluto visitare Pompei insieme ad Anna un anno fa.	▢	▢
6. Il professor De Cesaris non fa una buona impressione sui ragazzi.	▢	▢

4 p. 9

Abbina le battute. Poi cerchia nella colonna di destra le frasi in cui il tono è ironico.

1. Andrea mi ha chiesto di sposarlo.
2. Perché stasera non andiamo a ballare?
3. Il direttore non parla con i suoi dipendenti se non hanno preso appuntamento via e-mail. Ci credi?
4. Sentirti parlare con tanto entusiasmo del tuo lavoro mi riempie d'orgoglio.
5. Nel giro di un mese ho ottenuto il permesso di soggiorno.

a. Macché! Domani ho l'esame di filosofia. Devo ripassare.
b. Quanto sei fortunato! Magari succedesse anche a me!
c. Finalmente! Ci ha messo soltanto nove anni... ma meglio tardi che mai!
d. Te l'avevo detto. Si vede subito che è un tipo alla mano. Ahahah!
e. Vuol dire che ho avuto un bravo insegnante! È grazie a te se mi hanno assunto.

5 *Ascolta di nuovo il dialogo e indica le affermazioni corrette.*

p. 10

1. Un'oasi del WWF è
   a. una zona di vulcani
   b. un'area naturale protetta
   c. una zona in montagna
   d. un'area di Pompei

2. Anna dice a Carla che
   a. pensa di invitare a cena De Cesaris
   b. non gliene importa niente di De Cesaris
   c. secondo lei, De Cesaris tradisce sua moglie
   d. ha conosciuto la moglie di De Cesaris

6 *Metti in ordine le parti evidenziate. Poi cerca queste battute nel dialogo.*

p. 10

1. Aspetta: io di serpenti **ne niente sapevo non**! ____________________
2. Comunque, anche se fosse, **a importa noi ci che**? ____________________
3. Senti, Anna, **ne che invitare dici di** a cena De Cesaris e sua moglie? ____________________
4. Sua moglie?! **non l'ora conoscerla di vedo**! ____________________

7 *Riascolta il dialogo o guarda di nuovo il video e rispondi alle domande.*

p. 11

1. Che piatti prepareranno Anna e Bruno? ____________________
2. Come giustifica le sue scelte Anna? ____________________
3. Che cosa pensano del cibo biologico Anna e Bruno? ____________________

8 *Completa il cruciverba. Poi usa le lettere delle caselle colorate per completare la frase sotto.*

p. 11

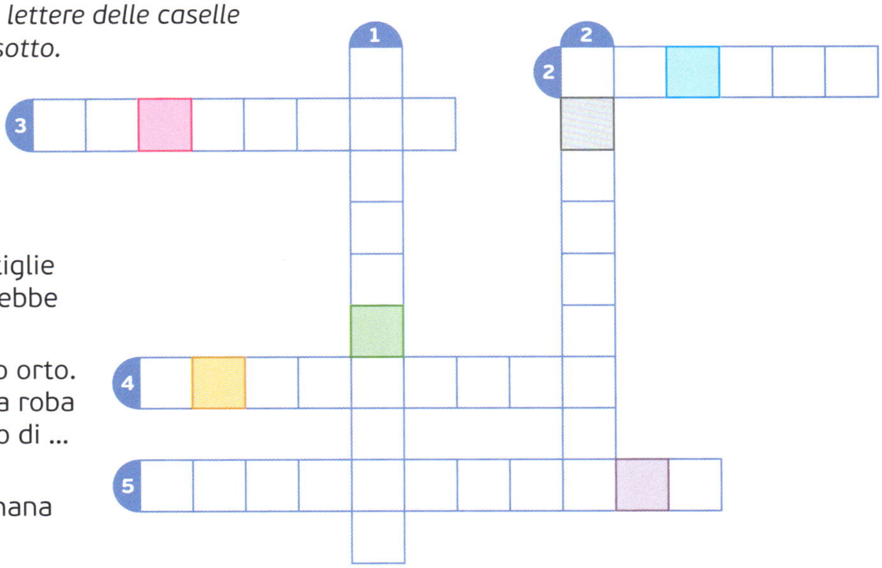

Orizzontali

2. La carne il cui consumo inquina di più è quella ..., cioè di manzo e vitello.
3. Se smettessimo di usare bottiglie e imballaggi di ..., il mare sarebbe più pulito.
4. Queste zucchine sono del mio orto. Potete stare tranquilli: è tutta roba naturale, coltivata senza l'uso di ...
5. Non dirmi che Ennio è ...! Ho preparato il pollo alla romana per stasera!

I __ __ __ __ __ __ non mangiano la carne e tutti i prodotti di origine animale.

Verticali

1. Chiunque lotti per salvaguardare l'ambiente può dirsi un ...
2. Credi che questa insalata provenga davvero "solo da agricoltura ..." come c'è scritto sulla confezione?

9 *Ascolta di nuovo il dialogo e indica le informazioni presenti.*

p. 12

1. Il professor De Cesaris è a dieta. ☐
2. Il professore ha messo su dei chili ultimamente. ☐
3. Sono molti gli uomini che curano il proprio aspetto. ☐
4. Le donne si curano molto più degli uomini. ☐
5. Ci sono sempre più prodotti di bellezza per uomini. ☐
6. Anna pensa che sia una donna a chiamare il professore. ☐

10 *Completate le frasi con 4 delle espressioni evidenziate nel dialogo.*

p. 12

1. Mi sa che stasera non ceno, ______________ mangio della frutta.
2. Non c'è bisogno che mi accompagni, veramente. ______________, a me farebbe piacere... lo dico per te.
3. Sebbene sia molto costosa, ______________ persone ricorrono alla chirurgia estetica.
4. Stavolta faccio sul serio, ______________ ho preso appuntamento con un nutrizionista.

11 *Riascolta il dialogo o guarda di nuovo il video e indica le affermazioni giuste.*

p. 13

1. Secondo Carla, Anna non doveva
   a. fare del male a De Cesaris
   b. registrare De Cesaris
   c. ascoltare la registrazione
   d. cancellare la registrazione

2. Alla fine Carla propone di
   a. non dire niente a De Cesaris
   b. inviare la registrazione a De Cesaris
   c. ascoltare una parte della registrazione
   d. parlare della registrazione a Bruno

12 **a** *Completa con le espressioni date. Attenzione: ci sono 2 espressioni in più!*

p. 13

in giro ◆ ficcare il naso ◆ in mente ◆ meno male ◆ a sapere ◆ ti sia preso ◆ alla mano
chi se ne importa ◆ a meno che non ◆ sul momento ◆ niente a che fare ◆ in fin dei conti

1. Non avevo intenzione di offendere o di prendere ______________ i tuoi amici. Vorrei farmi perdonare, ______________ sia troppo tardi.
2. Come sei venuto ______________ cosa avevo detto? Guarda che non l'ho fatto apposta.
3. Non avresti dovuto invitarmi. Non voglio avere ______________ con questa storia.
4. Se anche fosse vero che Gennaro tradisce la moglie, non avresti comunque il diritto di ______________ nei fatti suoi. E poi ______________ se ha un'amante!
5. Perché mi rimproverate? ______________, non ho fatto niente di male.
6. Non ho proprio capito cosa ______________. Perché te ne sei andato senza spiegazioni?
7. Ho pubblicato quel video così, ______________, senza pensarci troppo.
8. Siete impazziti? Come vi è venuto ______________ di andare in moto senza casco?

b *Abbina le frasi alla funzione giusta.*

a Rimproverare qualcuno: ☐ ☐ ☐ ☐ **b** Giustificarsi: ☐ ☐ ☐ ☐

13 p. 14

Completa le frasi con le parole date. Attenzione: ci sono 2 parole in più! Poi riascolta la registrazione per controllare le tue risposte.

consegna ◆ museo ◆ principessa ◆ punto ◆ cinema ◆ bar ◆ principe

1. Il 30, al ______ "Ottaviano" [...] sarò seduto in ultima fila.
2. Per sicurezza la ______ va spostata continuamente.
3. La ______ finale la farò io.
4. Lui la porterà direttamente al ______.
5. Finanzierò un ______ nella mia città.

14 p. 15

Ascolta di nuovo il dialogo e indica le affermazioni corrette.

1. Carla va in banca per
   a. prelevare 300 euro
   b. versare 50 euro
   c. ritirare una carta di credito
   d. sostituire la carta d'identità
2. Secondo Anna, De Cesaris
   a. tradisce la moglie
   b. ha sequestrato una donna
   c. vuole liberare una donna
   d. non ha fatto niente di male
3. Le due ragazze stanno pensando di
   a. andare alla polizia
   b. fare finta di niente
   c. non dire niente a Bruno
   d. parlare con Bruno e Gianni

15 p. 15

Osserva le espressioni evidenziate nel dialogo. Poi completa le frasi con una parola.

1. Se vuoi un consiglio, non prendere sul ______ i commenti sui social media.
2. Sono stanchissima: per un dolore allo stomaco ieri non ho ______ occhio.
3. Mio padre e suo fratello hanno litigato per ______ di un malinteso.
4. Il film è piaciuto a tutti, ma io avevo sonno e non ci ho capito un ______.
5. Un errore che fanno molti studenti è quello di tradurre parola ______ parola.
6. Ma ti ______ conto che quello che proponi non ha senso?!
7. Non dico di perdonarlo, ______ di ascoltare almeno cosa ha da dire.
8. Da un anno mi deve dei soldi, ma fa ______ di niente.

16 p. 16

Riascolta il dialogo o guarda di nuovo il video e completa le frasi (massimo 3 parole).

1. I genitori di Gianni hanno di nuovo difficoltà a ______.
2. ______ mutuo non sono state pagate in tempo.
3. Anna racconta di aver ______ di De Cesaris.
4. Bruno non approva che ______ il prof. De Cesaris.
5. Bruno non sembra credere che una ragazza ______.
6. Anna ______ a Bruno e Gianni di aver registrato il professore.
7. Bruno ______ di smetterla di spiare De Cesaris.

17 *Completa le espressioni con le parole evidenziate nel dialogo e poi fai l'abbinamento.*

p. 16

1. Ieri ho lavato io i piatti,
2. Ho incontrato per ____________
3. Non te la ____________,
4. Il problema si è creato
5. Mamma, la devi ____________
6. Mia suocera ama ficcare

a. stavo solo scherzando.
b. il ____________ nella nostra vita.
c. oggi ____________ a te.
d. un vecchio compagno di scuola.
e. di entrare senza bussare.
f. per ____________ tua.

18 *Riascolta il dialogo o guarda di nuovo il video e indica le affermazioni corrette.*

p. 17

1. Carla
   a. ha scoperto qualcosa su De Cesaris
   b. vuole continuare a seguire De Cesaris
   c. non sa se ha senso seguire De Cesaris
   d. è sicura che De Cesaris è innocente

2. Gianni segue Carla perché
   a. probabilmente è geloso di lei
   b. ha paura dei borseggiatori
   c. sa quello che ha fatto De Cesaris
   d. gliel'ha chiesto Anna

19 *Completa le frasi con 4 delle espressioni evidenziate nel dialogo.*

p. 17

1. Molti parlavano male di Luca, e invece si rivelò una ______________________.
2. Senti, devi agire, non puoi ______________________.
3. Ma veramente pensate che ______________________ perdere tempo a litigare sui social?
4. L'ho scambiato per un mio amico e l'ho salutato, ______________________!

20 *Ascolta di nuovo il dialogo e indica le affermazioni corrette.*

p. 18

1. All'inizio Carla crede che De Cesaris
   a. non abbia fatto niente di male
   b. abbia già consegnato la principessa
   c. sia un trafficante di droga

2. Secondo Anna, invece, la principessa è
   a. una ragazza scomparsa a Pompei
   b. la statuetta scoperta a Pompei
   c. la moglie di un collezionista

3. Anna crede che lei e Carla debbano
   a. decifrare la registrazione
   b. lasciar perdere, nessuno è in pericolo
   c. incontrare De Cesaris di nascosto

21 p. 18

Osserva le espressioni evidenziate nel dialogo. Poi completa le frasi con la parola mancante.

1. Uscire a quest'ora? Mah, _ _ _ _ _ _ _ _ _ perché non vediamo qualcosa su Netflix?
2. • Luca non viene.
   • E con _ _ _? Noi ci andremo lo stesso, vero?
3. Sono senza lavoro, il _ _ _ vuol dire niente vacanze quest'anno.
4. Se la concorrenza continua a investire tanto in pubblicità, noi mica ce ne _ _ _ _ _ _ _ a guardare senza fare niente.
5. Se le cose _ _ _ _ _ _ _ _ come dici tu, bisognerebbe agire prima che sia troppo tardi.

22 12 p. 19

Ascolta di nuovo il dialogo e rispondi alle domande.

1. Quali commenti di Carla preoccupano Gianni?
____
____
2. Perché Gianni sospetta che ci sia un altro uomo?
____
____
3. Come reagisce Bruno alle parole di Gianni?
____
____

23 p. 19

Leggi i dialoghi e sostituisci le espressioni evidenziate con quelle date di significato simile. Attenzione: ci sono 2 espressioni in più nel riquadro!

parlavi a bassa voce ◆ lasciar perdere ◆ falla finita
dicevi sciocchezze ◆ stai scherzando ◆ facevi caso a
vacci piano con i ◆ faccio di sbagliato

a • Per Natale ho comprato a Gianna un album di Renato Carosone.
• Sul serio ______________(1)? Non penso che ascolti la musica leggera... Non sembra proprio il tipo.
• Mannaggia la miseria! Allora devo cambiare regalo. Troverò quello perfetto. Non voglio darmi per vinto ______________(2).

b • Beppe, stai attento ai ______________(3) carboidrati! Non lo vedi che hai messo su la pancia?
• Dai! Basta ______________(4) con questa ossessione per la linea! È solo un piatto di linguine! Cosa c'è di male ______________(5)? Un tempo non notavi ______________(6) una cosa del genere.

24 p. 20

Riascolta il dialogo o guarda di nuovo il video e rispondi alla domanda.

Perché Gianni è "un genio"? ______________________________

25 p. 20

Completa le frasi con alcune delle espressioni evidenziate nel dialogo.

1. Finalmente si organizza un convegno ____________ di questo grande scrittore.
2. Che bel matrimonio! Immagino che sarà costato ____________.
3. Non è che non mi piace per niente, diciamo che non ____________.
4. Chiedergli scusa dopo quello che ha fatto?! ____________? Neanche per sogno!

26 p. 21

Riascolta il dialogo o guarda di nuovo il video e indica le informazioni presenti.

1. Gianni vuole giocare al lotto.
2. Questa è la prima volta che gioca.
3. Giocherà un numero relativo a un sogno che ha fatto.
4. Giocherà anche numeri che gli ha dato un amico.
5. Gianni vuole aiutare economicamente i suoi genitori.
6. Carla rivela a Gianni tutto su De Cesaris.
7. Secondo Gianni, in questa storia è coinvolto anche Ivan.
8. Carla crede che Ivan sia il capo di De Cesaris.

27 p. 21

Cancella tutte le sillabe delle 6 parole mancanti e completa le frasi. Con le sillabe che restano scopri il vero nome dell'imperatore romano Augusto.

ot • mi • dis • se • re • tu • im • for • ta • pia • zi
ria • ce • fa • via • ma • glia • na • paz • re • no

1. Ti ____________ se mi fermo un attimo a fare benzina?
2. Pasquale non vuole figli. Me l'ha detto chiaramente che non aveva intenzione di mettere su ____________.
3. Dobbiamo rispondere ad altre trenta e-mail. Su, facciamo presto! Siamo ancora in alto ____________!
4. Quella statua è splendida! Vi sarà costata una ____________.
5. L'idea di fare una passeggiata con questo tempo non mi fa ____________. Piuttosto, potremmo andare a teatro.
6. La questione si fa ____________: non pensi che dovremmo avvisare i Carabinieri?

Il vero nome dell'imperatore romano Augusto era:

_ _ _ _ _ _ _ _ _ .

15 **28** *Ascolta di nuovo il dialogo e rispondi alle domande.*

p. 22

1. Come reagisce Anna quando Carla le parla di Ivan? ______
2. Qual è l'idea di Gianni? ______
3. Perché, secondo Anna, non ha senso coinvolgere Bruno? ______
4. Quando avverrà l'ultima consegna? ______

29 *Completa le frasi con quattro delle espressioni evidenziate nel dialogo.*

p. 22

1. È molto tardi, meglio non partire adesso, ______ se ti senti stanco.
2. Basta parlare del mio lavoro, ______, raccontami di te.
3. È un periodaccio, ______ bisogna essere ottimisti!
4. ______! Alla fine si è rivelata una persona seria.

16 **30** *Ascolta di nuovo il dialogo e rispondi alle domande.*

p. 23

1. Che cosa non piace ai genitori di Gianni? ______
2. Chi è Ottaviano? ______
3. Cosa scoprono Carla e Gianni? ______

31 *Abbina alle funzioni date sotto le espressioni evidenziate nel dialogo, che sono di più.*

p. 23

1. dire che qualcosa è importante per qualcuno: ______
2. esprimere sorpresa: ______
3. dare un esempio: ______
4. rimanere in tema: ______
5. dire che una cosa non ci riguarda: ______

17 **32** *Riascolta il dialogo o guarda di nuovo il video e indica le informazioni presenti.*

p. 24

1. Secondo Carla, grazie al cinema Ottaviano potrebbero scoprire dove si farà l'ultimo incontro. ☐
2. Carla e Gianni hanno aspettato quasi mezz'ora in macchina. ☐
3. Un motorino ha investito la madre di Bruno. ☐
4. La madre di Bruno dovrà essere operata. ☐
5. Bruno deve andare a Roma per 2-3 giorni. ☐
6. Bruno preferisce andarci da solo. ☐
7. De Cesaris ha capito che Carla e Gianni l'hanno seguito. ☐
8. De Cesaris sa che lo avevano seguito più volte. ☐

AVVENTURE A NAPOLI

33 *Fai l'abbinamento per ricostruire le frasi o i mini dialoghi. Poi osserva le espressioni evidenziate.*

p. 24

1. Ma perché ci mettono tanto?
2. Parcheggiare?! Qui?!
3. Come sta?
4. Non puoi lasciare il lavoro
5. Tutto sotto controllo,

a. senza preavviso...
b. Conviene tornare a casa...
c. non ti preoccupare...
d. Beh, il ginocchio è messo male...
e. Che ne so...

18 **34** *Riascolta il dialogo e abbina le frasi ai soggetti dati a destra, come nell'esempio. Attenzione: ci sono degli intrusi e alcuni soggetti vanno bene per più frasi!*

p. 25

1. Sa molte cose sul Maschio Angioino.
2. Cominciò la costruzione del Maschio nel 1279. — c
3. Ogni tanto consulta il suo cellulare.
4. Trasferì la capitale del suo regno a Napoli.
5. Non abitò mai nel Castel Nuovo.
6. Non sembra apprezzare molto i dettagli storici.
7. Ha assegnato un progetto agli studenti.
8. Voleva presentare la Fontana del Nettuno.
9. Fa parte della storia di una città.
10. Scopre, senza rendersene conto, uno dei punti d'incontro.

a. Gianni
b. Carla
c. Carlo I d'Angiò
d. Pietro II d'Aragona
e. una studentessa
f. Nettuno
g. San Giorgio
h. ogni monumento

35 *Completa le frasi con alcune delle espressioni evidenziate nel dialogo.*

p. 25

1. Davvero ti sei iscritta a questa palestra? ____________, anch'io!
2. Scusa se ti ho interrotto, ____________ accertarmi di aver capito bene.
3. Lascia stare quello che ti ho detto ieri, ____________ ci sono state delle novità!
4. Non tutti erano d'accordo: ____________ voleva che reagissimo diversamente.
5. Ho incontrato Daria e ____________: ha perso più di 20 chili, bellissima!

20 **36** *Riascolta il dialogo o guarda di nuovo il video e indica le affermazioni corrette.*

p. 27

1. "Il Dio del mare" è il nome di
   a. una pescheria
   b. una pizzeria
   c. tre ristoranti
   d. una fontana

2. Anna è preoccupata perché
   a. scopre che Ivan e De Cesaris sono soci
   b. non ha decodificato lei l'ultimo indizio
   c. lavora nella pizzeria di fronte alla fontana
   d. hanno fatto un altro buco nell'acqua

37 *Completa le frasi con alcune delle espressioni evidenziate nel dialogo.*

p. 27

1. Diventare travel blogger mi ha permesso di ____________: viaggiare e guadagnare molti soldi.
2. Aveva investito molto in questo progetto, pensava di arricchirsi e invece... ha fatto ____________.

3. La soluzione era davanti ai nostri occhi, era davvero ______________________!
4. Forse voi non ______________________, ma la situazione si sta facendo molto difficile.
5. Ragazzi, dovete ______________________ stare sui social fino a tarda notte!

21 **38** *Ascolta di nuovo il dialogo e indica le informazioni presenti.*

p. 28

1. Anna ha chiesto un consiglio a Bruno su cosa fare d'ora in poi. ☐
2. Bruno non è molto contento di quello che ha saputo da Anna. ☐
3. Bruno avrebbe voluto essere informato prima. ☐
4. Gianni aveva già provato a informare Bruno della registrazione. ☐
5. Per Carla l'unica alternativa è rivolgersi alla polizia. ☐
6. Il fatto che sia coinvolto anche Ivan basta per far mobilitare la polizia. ☐
7. Anna ha paura a essere presente all'appuntamento tra De Cesaris e Ivan. ☐
8. Nella pizzeria sono state installate delle telecamere a seguito di un furto. ☐

39 *Abbina le due colonne per ricostruire le frasi. Poi osserva le espressioni in blu.*

p. 28

1. Anche se l'avevo avvisato,
2. Certo che ci rimasi male,
3. No, non ne sapevo niente,
4. E dopo un po' mi fa
5. Non hai tutti i torti,
6. Non credo di farcela da sola,
7. Non ho ancora deciso cosa farò,
8. Votano sempre lo stesso partito
9. Bisogna stare attenti alle spese

a. "scusa, devo andare, mi aspettano"!
b. a prescindere da chi è il leader.
c. alla fine non la prese molto bene.
d. a maggior ragione ora che c'è la crisi.
e. posso sempre contare su di te?
f. non mi aspettavo che mi rispondesse così.
g. ci voglio dormire sopra.
h. se non ti fidi ancora di lui.
i. mi hanno tenuto all'oscuro.

40 *Senza riguardare il dialogo, rispondi alle domande, come nell'esempio. Poi rileggi il dialogo o guarda di nuovo il video e controlla le tue risposte.*

p. 29

Chi...

1. propone di coinvolgere un collega di De Cesaris?
2. pensa a qualcosa a cui non aveva pensato nessuno? *Gianni*
3. fa vedere ad Anna come fare una foto senza farsi notare?
4. è 'stupito' delle capacità di Gianni?
5. scopre che c'è un locale con lo stesso nome della piazza?
6. propone ad Anna di fare qualcosa di pericoloso?
7. rivela qualcosa a Gianni?
8. ha paura di essere presente all'incontro?

41 *Completa le frasi con la forma giusta di alcune delle espressioni evidenziate nel dialogo.*

p. 29

1. Questa a destra è Via Mazzini e quella ________________ Via Cavour.
2. Che delusione Mirella, non ________________ da lei.
3. Era un ladro, ma quando Paolo ________________, era troppo tardi.
4. Non ________________ di non capire, sai benissimo di cosa sto parlando.
5. ________________, il suo comportamento è stato sospetto fin dall'inizio.
6. Leonardo, non ________________ a Stefano, ha delle idee un po' strane.

23 **42** *Riascolta il finale marrone e indica le affermazioni corrette.*

p. 30

1. De Cesaris è entrato in pizzeria e
   a. ha riconosciuto Anna
   b. ha salutato Anna
   c. ha scattato una foto
   d. ha notato Ivan

2. Il quarto uomo, Ferrara, è
   a. l'acquirente interessato alla statuetta
   b. il direttore di un museo di Napoli
   c. una vecchia conoscenza dei ragazzi
   d. un tipo molto elegante, sui 40
3. All'inizio lo zaino con la statuetta lo aveva
   a. Ferrara
   b. De Cesaris
   c. Ivan
   d. un cameriere
4. Alla fine la polizia
   a. è arrivata troppo tardi
   b. ha arrestato 2 persone
   c. ha arrestato 3 persone
   d. ha arrestato 4 persone

24 **43** *Riascolta il finale verde e indica le affermazioni corrette.*

p. 31

1. Ha preso un aperitivo in pizzeria
   a. Ivan
   b. un principe
   c. De Cesaris
   d. un poliziotto
2. Anna ha visto De Cesaris
   a. parlare con un poliziotto
   b. da solo in macchina
   c. entrare nel bar *Nettuno*
   d. attraversare la piazza
3. Lo scambio è avvenuto
   a. in piazza
   b. in macchina
   c. in pizzeria
   d. al bar
4. Un professore dell'università
   a. ha denunciato De Cesaris
   b. ha esaminato la statuetta
   c. non ha creduto a Bruno
   d. ha ritrovato la statuetta

1 p. 33 *Aiuta i turisti ad ammirare Napoli! Crea per loro un piccolo percorso di scoperta. Completa la tua mini guida con la parola corretta.*

Benvenuti a Napoli! Una città di cui vi innamorerete perché unica, ineguagliabile a tal punto che si dice "Vedi Napoli e poi muori". Il suo centro storico è patrimonio dell'Unesco e Piazza del ____________(1) è una delle più grandi d'Italia. Famoso è il ____________(2) di Napoli dominato dal Vesuvio, un vulcano ancora attivo, che nel 79 d.C. distrusse le città di ____________(3) ed Ercolano. Ricordatevi che i napoletani sono molto superstiziosi: tre volte all'anno festeggiano il miracolo e cioè la trasformazione del sangue di San ____________(4) che da solido diventa liquido. Quando il miracolo non avviene, c'è il rischio che accada qualche ____________(5)! Bella è anche la Napoli ____________(6), misteriosa con le sue catacombe e i suoi acquedotti antichi. Ma non solo monumenti e superstizione! Scoprire Napoli significa anche conoscere i suoi grandi protagonisti come ____________(7) De Filippo e Totò. E i numerosi teatri che fanno parte della tradizione della città, tra questi il più famoso è senz'altro il Teatro San ____________(8).

2 p. 33 *Guarda il video e indica le affermazioni corrette.*

1. Napoli è stata fondata nel 475 a.C.
   a. dai Romani
   b. dai Greci
   c. dagli Arabi

2. Spaccanapoli è
   a. il nome del centro storico
   b. il nome di un monumento
   c. una strada che spacca in due la città

3. Il colonnato della Basilica di San Francesco di Paola è alle spalle
   a. di Piazza del Plebiscito
   b. del Palazzo Reale
   c. del Caffè Gambrinus

4. Rossini e Donizetti sono stati direttori
   a. della Galleria Umberto I
   b. del Teatro San Carlo
   c. dell'orchestra del San Carlo

5. La Galleria Umberto I è una galleria
   a. contemporanea
   b. commerciale
   c. d'arte a pagamento

6. Castel Nuovo è un castello
   a. romano e medievale
   b. rinascimentale e risorgimentale
   c. medievale e rinascimentale

7. In Piazza San Gaetano c'è
   a. un percorso misterioso
   b. una fermata di Napoli sotterranea
   c. l'ingresso di Napoli sotterranea

8. Le botteghe artigiane di presepi sono
   a. in Via San Gregorio Armeno
   b. attorno al Duomo
   c. dietro la casa di San Gennaro

9. Alla Reggia di Capodimonte, i napoletani
   a. amano fare dei picnic con la famiglia
   b. amano ritrovarsi e fare sport
   c. non vanno mai

10. A volte il napoletano paga due caffè, uno per sé e uno per chi viene dopo. Questo secondo caffè si chiama
    a. "caffè napoletano"
    b. "caffè per il resto del mondo"
    c. "caffè sospeso"

1) 1, 3, 5, 7
2) **a.** 1. senso; 2. meno; 3. bene; 4. crederai; 5. piano; 6. Figo
b. 1. fatto bene; 2. piano; 3. Figo; 4. ci crederai; 5. Meno male
3) 1. F; 2. V; 3. V; 4. F; 5. V; 6. F
4) 1. c; 2. a; 3. d; 4. e; 5. b
Tono ironico: c, d
5) 1. b; 2. c
6) 1. non ne sapevo niente; 2. a noi che ci importa; 3. che ne dici di invitare; 4. Non vedo l'ora di conoscerla
7) 1. Piatti della cucina del Lazio: gnocchi, carciofi e pollo alla romana; 2. Piatti vegetariani perché il professore non mangia carne; pollo e non involtini di vitello perché gli allevamenti di bovini fanno male all'ambiente; 3. Anna pensa che non contenga i pesticidi che si trovano nei prodotti convenzionali. Bruno pensa che costi troppo e poi non è sicuro che sia veramente biologico
8) **Orizzontali:** 2. bovina, 3. plastica, 4. pesticidi, 5. vegetariano;
Verticali: 1. ecologista, 2. biologica
Parola nascosta: vegani
9) 3, 4, 5, 6
10) 1. al mssimo; 2. Per carità; 3. sempre più; 4. tant'è vero che
11) 1. b; 2. c
12) **a.** 1. in giro, a meno che non; 2. a sapere; 3. niente a che fare, 4. ficcare il naso, chi se ne importa; 5. In fin dei conti; 6. ti sia preso; 7. sul momento; 8. in mente
b. a. 3, 4, 6, 8; b. 1, 2, 5, 7
13) 1. cinema; 2. principessa; 3. consegna; 4. principe; 5. museo
14) 1. a; 2. b; 3. d
15) 1. serio; 2. chiuso; 3. via; 4. tubo; 5. per; 6. rendi; 7. bensì; 8. finta
16) 1. pagare il mutuo; 2. Alcune rate del; 3. sentito/ascoltato la/una telefonata; 4. Anna abbia spiato; 5. sia in pericolo; 6. non rivela/dice (non ha detto/rivelato); 7. dice/chiede alle ragazze
17) 1. c (tocca); 2. d (caso); 3. a (prendere); 4. f (colpa); 5. e (finire); 6. b (naso)
18) 1. c; 2. a
19) 1. persona perbene; 2. stare con le mani in mano; 3. abbia senso; 4. che figura
20) 1. c; 2. b; 3. a
21) 1. piuttosto; 2. ciò; 3. che; 4. staremo; 5. stessero
22) 1. "Vacci piano con la pizza che fa ingrassare", "sempre più uomini curano la propria immagine"; 2. Perché Carla non torna subito a casa dopo il lavoro, è strana e spesso distratta, poi l'ha sentita che parlava con Anna di un uomo; 3. All'inizio pensa che non parli sul serio e crede che esageri. Poi gli consiglia di passare più tempo con Carla
23) 1. Stai scherzando, 2. lasciar perdere; 3. vacci piano con i, 4. Falla finita, 5. faccio di sbagliato, 6. facevi caso a
24) Ha aiutato Carla a decifrare uno dei punti d'incontro della registrazione: il bar del Santo è il bar San Carlo
25) 1. in onore; 2. una fortuna; 3. mi fa impazzire; 4. Scherzi
26) 1, 3, 5, 6, 7
27) 1. dispiace; 2. famiglia; 3. mare; 4. fortuna; 5. impazzire; 6. seria
Parola nascosta: Ottaviano
28) 1. È sorpresa. Si convince però che il prof. De Cesaris sia coinvolto in qualcosa di illegale e che sia necessario fare qualcosa al più presto; 2. Di chiedere a Bruno di attaccare un adesivo sotto la statua falsa in modo che si possa riconoscere quando sarà trasferita al museo; 3. Perché probabilmente non li vorrà aiutare, perché ce l'ha ancora con loro; 4. Il 20 marzo
29) 1. a maggior ragione; 2. piuttosto; 3. in ogni caso; 4. Come non detto
30) 1. Che la figlia Marta vada a convivere con un uomo molto più grande di lei, che ha già due figli; 2. Ottaviano è il proprietario della palestra che frequenta Gianni; 3. Che il cinema Ottaviano di cui parlava De Cesaris potrebbe essere il cinema Augusto perché il nome completo dell'imperatore era Ottaviano Augusto
31) 1. ci teneva; 2. ammazza; 3. pensa che; 4. a proposito; 5. fatti suoi
32) 1, 3, 4, 6, 7
33) 1. e; 2. b; 3. d; 4. a; 5. c
34) 1. a; 2. c; 3. a; 4. c; 5. c; 6. b; 7. b; 8. e; 9. h; 10. a
35) 1. Guarda caso; 2. volevo solo; 3. nel frattempo; 4. c'era chi; 5. non ci crederai

36) 1. a; 2. c

37) 1. prendere due piccioni con una fava; 2. un buco nell'acqua; 3. l'uovo di Colombo; 4. vi rendete conto; 5. smetterla di

38) 2, 3, 5, 6, 8

39) 1. c; 2. f; 3. i; 4. a; 5. h; 6. e; 7. g; 8. b; 9. d

40) 1. Carla; 2. *Gianni*; 3. Gianni; 4. Bruno; 5. Gianni; 6. Carla; 7. Carla; 8. Anna

41) 1. alle nostre/tue/vostre spalle; 2. me lo sarei mai aspettato; 3. se n'è accorto; 4. fare finta; 5. Ora che ci penso; 6. dare retta

42) 1. a; 2. c; 3. b; 4. d

43) 1. d; 2. b; 3. d; 4. b

Italia&italiani

1) 1. Plebiscito, 2. Golfo, 3. Pompei, 4. Gennaro, 5. disgrazia, 6. sotterranea, 7. Eduardo, 8. Carlo
2) 1. b; 2. c; 3. a; 4. c; 5. b; 6. c; 7. c; 8. a; 9. b; 10. c

Un giro per Napoli (*soluzioni e risposte suggerite*)

2. per parola
3. ~~abbiate~~ **aveste** scelto
4. dato che
5. come se
7. irrazionale – ingiusto – impossibile
8. volessi
9. San Gennaro
10. i presepi
13. potessero
14. Glielo chiederei certamente, se la incontrassi.
15. sarei mai aspettato
16. si ~~mangia~~ **mangiano**
17. Se tutti avessero smesso di pagare il pizzo, la criminalità sarebbe stata già sconfitta.
19. fosse arrivata
21. nessuna parte
22. fu
23. più ne metta
24. 79 d.C.
26. Vacci ~~lento~~ **piano**
28. rate
29. ~~mangeremmo~~ **mangiassimo**

Compiti extra:

- onore
- mare
- parlando**ne**
- Dovevo partire ieri, ma è stata rubata la mia macchina.
- ad
- avendo studiato

Fonti delle fotografie

Pag. 33: https://fsspx.news (*Curiosità*), www.lottavo.it (*Totò ed Eduardo De Filippo*), https://gr.pinterest.com (*maschera di Pulcinella*), www.napolidavivere.it (*Teatro San Carlo*); **Pag. 41:** https://tv.fanpage.it/ (*in basso*)

Continua a Leggere!

In formato cartaceo e e-book,
tante letture per il tuo livello

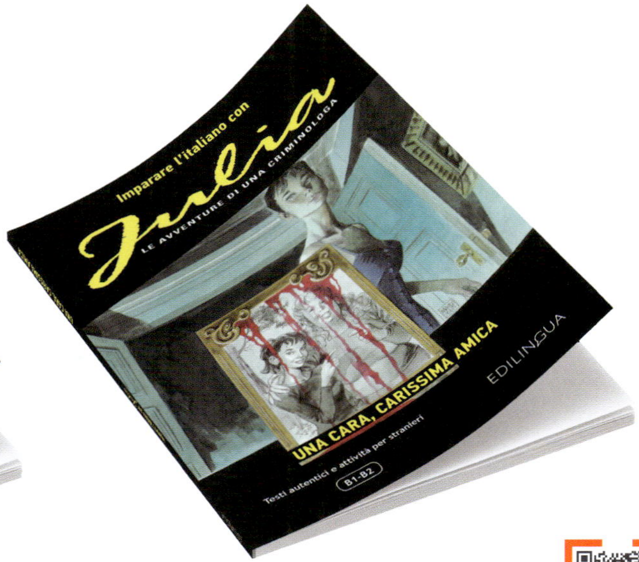